こころの危機への心理学的アプローチ

個人・コミュニティ・社会の観点から

監　修：窪田　由紀・森田　美弥子・氏家　達夫
編　著：河野　荘子・金子　一史・清河　幸子

金剛出版

はじめに

──"こころの危機"への心理学的アプローチの現状と課題を探る──

　本書が編まれたきっかけの一つは，名古屋大学大学院教育発達科学研究科心理発達科学専攻心理危機マネジメントコースが 10 周年を迎えたことである。そこで，まず，心理危機マネジメントコースのご紹介から始めさせていただきたい。

　人類の歴史は，種々の危機への遭遇と対応，そこから得られた知恵に基づく新たな危機への備えと体制の整備が繰り返されてきたと言っても，過言ではない。不治の病といわれた多くの疾病が，生活環境の衛生面の改善や医学の進歩によって克服され，犯罪の多発による荒廃した地域が法整備を含む行政による秩序の維持によって安全な居住環境となり，毎年のように生じる洪水で家も田畑も流されていた土地が大規模灌漑工事によって豊かな収穫の地と生まれ変わる，といったように，文明の進歩や科学の発展，社会制度やインフラの整備によって，多くの危機が未然に防止され，防ぎきれなかった危機についても被害を最小限にとどめ，巻き込まれた人々の命が救われるようになってきた。

　その一方で，人知を超えた大規模な自然災害，世界各地で後を絶たない戦争・紛争，テロや銃撃事件で一瞬にして多くの命が奪われる事態は，未だに繰り返されている。また，いじめ，暴力，虐待，ハラスメントといった形の対人暴力で，多くの人が傷つき，命を落とすといった最悪の状況に至ったケースも，毎日のように報道されている。

　このような中，今なお人類が克服しきれていないさまざまな危機をいかに最小化し，対処していくかという危機管理の理論と実践は，今日，世界中の国と地方の行政組織，企業組織，教育現場，地域コミュニティなどで求められる最優先課題の一つとなっている。構成員の多くが死傷するような事件・事故，大規模な自然災害，構成員の不祥事等に遭遇すると，組織は危機に陥り，構成員一人ひとりに心理危機が生じる。これまで個人の心理危機に対し

ては，臨床心理学を背景にした個別対応の実践が蓄積されてきた。しかしながら，組織全体が危機状態に陥っている場合には，組織全体に対する危機対応がなされる必要がある。また，従来の危機管理においては，心理危機への対応は危機管理の4段階（第1段階：予防（Prevention），第2段階：準備（Preparation），第3段階：対応（Response），第4段階：回復（Recovery））（Kerr, 2008）の第3，第4の段階の活動に留まっていたが，危機の拡大や二次的な被害を防止するには，予防段階からの体系的な取り組みが求められる。しかしながら，これまでの日本では組織全体を視野にいれた危機への包括的なアプローチは，未だ発展途上であると言わざるを得なかった。

　そのような認識のもと，名古屋大学大学院教育発達科学研究科心理発達科学専攻博士後期課程に心理危機マネジメントコースが設置されたのは2008年4月である。本コースは，行政，企業，教育現場などでこころの問題や心理危機に関わる仕事に従事している現職の社会人を対象に，臨床心理学や社会心理学，発達心理学，認知心理学，パーソナリティ心理学，計量心理学を初め，経営組織学，マネジメント学等幅広い学問領域を背景にして，心理危機への組織的・包括的アプローチ〈心理危機マネジメント〉の理論と実践モデルの構築を目ざすものである。開設から10年間の入学者の活動領域は，医療・保健，教育，福祉，司法・犯罪，産業の5領域すべてを網羅した。

　本コースの特徴は，全国各地のさまざまな現場で個人と組織の心理危機の予防と支援の実践に携わる大学院生が，各自が現場で抽出したリサーチクエスチョンに基づいて研究を深める一方で，各現場での危機対応事例を持ち寄り，検討してきたことである。月に1回の授業には，院生と共に基礎から応用の心理学諸領域を専門とする本専攻の教員が加わって幅広い視点から議論を重ねてきた。現に起こっているリアルな問題を多様な視点から読み解くこれまでのディスカッションは，目前の問題対処に追われて視野狭窄に陥りがちな社会人院生にとって有意義であっただけではなく，教員にとっても理論と現実の乖離に直面する貴重な体験となり，自分たちの研究者としてのありようを問い直す機会ともなった。

　一方，数年来，全国的にも進む大学全体の部局の統合や改編の動きの中で，本専攻も新しい枠組みの創出に着手せざるを得ない現実があった。現代社会

の問題解決により積極的にチャレンジする分野横断的な学際的研究組織の立ち上げに向けての検討の第一歩として，まずは，専攻内部で前述の心理危機マネジメントコースでの議論と並行して，改めて「心理学が社会のどこにどのように貢献できるのか」「そのためには私たちはどことどのように繋がっていく必要があるのか」を問い直す作業が必要になった。そうして，最初に取り組むことにしたのが，私たちの目の前で生じている現代社会の危機に対して，個人，コミュニティ，社会それぞれのレベルで心理学がどのように貢献できるのかを再考することであった。

このような経緯で，2018 年 3 月の心理危機マネジメントコース 10 周年記念シンポジウムのテーマは「壊れそうなこころを守り支えるために心理学ができること」となった。本書は，その折の話題提供者でもあった 3 名の監修者，シンポジウムの企画にあたった 3 名の編者に本専攻ゆかりのメンバーが加わり，現代社会の危機に個人，コミュニティ，社会レベルから，心理学がこれまで貢献してきたこと・できなかったこと・今後できること・すべきことについて論じたものである。

第 1 章の金子論文は，キャプラン（Caplan, 1961）の危機理論に始まるこころの危機の研究史を振り返ったうえで，危機支援のありかたと近年の研究動向について検討を加えたものである。危機とは本来の対処能力を超えた事態に直面して，機能不全に陥ることであるが，危機には「機会」，つまり良い方向への変化のきっかけにもなりうるという点で，転換点や分かれ目という意味を含んでいることは当初から指摘されてきた。金子はこの点に触れるとともに，困難な事態に遭遇してもそれを乗り越えて適応していく人々の存在から，近年注目されるようになってきたレジリエンスと外傷後成長に関する研究を紹介している。これらに関する知見から，危機への平時からの備えへの示唆が期待される。

第 1 部は個人の心理危機に関する論考である。

第 2 章の森田論文は，精神疾患・障害というこころの危機を抱えて生きる人の体験している世界をビビッドに描き出し，彼らに心理学はどのように支

援ができるのか・できないのかについて，自身の精神科病院における勤務経験に基づいて検討を加えたものである。氏が述べるように，統合失調症者が示す幻覚・妄想，まとまりのない思考や興奮や昏迷といった症状の多くは，周囲の人には理解しがたく，わからなさゆえに敬遠されたり非難されたりといった事態が生じる。心理支援者としての氏は，彼らの話を聞く一方で，生活歴や生活環境を丹念に辿り，先行研究とも照らしながら，彼らの語りの意味を読み解いていく。その作業と並行して，彼らも妄想と現実世界を徐々に切り分けられるようになっていく姿は非常に興味深い。心理学の古くて新しい確かな貢献がここにある。

　第3章の渡邉論文は，学生という立場の青年期の人たちが体験するこころの危機について，学生相談という場を通して明らかにし，どのような支援が必要かについて述べたものである。学生の心理危機をもたらす要因として，本人の心身の問題，学生生活上のイベント，事件・事故，災害などの不測事態を挙げ，学生相談の領域で蓄積されてきた支援事例を確認しながら，青年期の支援としてますます重要性を増す学生相談の意義を指摘している。

　第4章の坪井論文では，犯罪被害という突然理不尽に人々を襲う危機について，心身への影響を被害による直接的な影響と被害によって新たに生じる負担の二つに分けて詳細に触れた上で，わが国の犯罪被害者支援の実態を示している。さらに，犯罪被害者当事者の活動を紹介し，心理臨床家が犯罪被害者支援に関わる際の留意点・課題について問題提起している。支援者の在り方によっては，心理学は回復に貢献できないに留まらず，害を与える危険性があることを肝に銘じたい。

　第5章の河野論文は，非行少年の心理危機を扱ったものである。加害行為の発生のメカニズムを先行研究に基づき概説したのち，立ち直りの難しさを，罪悪感の持ちにくさ，恥や屈辱感といった概念を用いて検討している。その上で，立ち直りのためには，重要な他者の発見とその人との関係の中で育まれる「抑うつに耐える力」（河野，2009）が必要であること，そのために彼らの近くにいてそっと寄り添う大人の存在が重要であることを指摘する。加害少年の心理危機への支援が，結果として社会の安全を守るとのコメントには納得させられる。

第2部はコミュニティへの危機を取り扱った四つの論考から成っている。

　第6章の窪田論文は，学校コミュニティの危機とそれに対する心理学的支援について述べている。学校危機への心理学的支援は，国際学校心理学会（ISPA: International School Psychology Association）でも毎年最重要課題の一つとして取り上げられており，体系的なプログラム開発や支援者養成が広がってきているものの，研究レベルではまだ発展途上である。自身の研究グループのこれまでの研究結果を紹介しつつ，学校の危機への心理学の貢献をより進めるには，実践の現場と研究の往還を深め，根拠に基づく支援を展開する必要性を指摘している。

　第7章の千賀論文は，虐待という家族の危機への支援に関するものである。氏は，子ども虐待を母子というミクロ，家族というミニ，社会というマクロなレベルで生じている関係性障害と捉えることで，その支援には，子どもや親へのアプローチに留まらず，周囲の人や環境との相互作用までを視野に入れたコミュニティ・アプローチの視点が必須だと指摘する。その上で，そこでの心理学の貢献は，多層的多面的で強みに焦点を当てたあたたかい見立てを行い，関係者をエンパワメントすることだとする。

　第8章の小倉論文は，対人関係で発生する心理的危機としてのいじめの発生と修復に関するものである。氏は，学校におけるいじめに関し，先行研究や自身の研究グループの研究成果に基づいて，いじめの予防と早期発見のための手立てのいくつかや長期的な支援のあり方について述べている。また，教員養成大学の教員として，先行研究を基礎に開発した「いじめに対応できる人材の育成」プログラムも紹介している。介入プログラム開発への心理学の貢献の好例であろう。

　第9章の葛論文は，対人関係で発生する心理的危機としてのハラスメントの発生と修復について述べている。氏は，架空事例を通してハラスメント相談の概要を提示し，従来の心理援助に比して求められる相談員の能動性，利害が対立するさまざまな関係者がいる中で全体を俯瞰して客観的に判断する力の重要性を指摘する。一方で，ハラスメントの発生や拡大の背景にコミュニケーションの問題があることから，ハラスメントの予防・対応に心理学が貢献できる余地は大きいと論じている。

第3部は社会の中で起こる危機を取り扱った四つの論考からなっている。

　第10章の氏家論文「原子力災害と心理学」では，まず，東京電力福島第一原子力発電所事故とその心理学的影響について，スリーマイル島事故やChNPP事故などの被災者の反応や行動に関する研究結果と照らしながらの検討がなされている。その結果，被災した福島の人々の反応や行動は決して特異ではなかったこと，事故後の情報提供やリスクコミュニケーションのまずさが人々の心理学的混乱を生んでいることなどを指摘する。そのような意味で，原発事故が，心理学的現象であり，原子力災害によって生じる危機的状況のマネジメントには心理学の知見やスキルが不可欠であると断じるとともに，異なった専門家を繋ぐ専門性の意義も指摘している。

　第11章の狐塚論文「東北地方太平洋沖地震による心理的危機」では，大規模自然災害による心理的危機への心理学の貢献の実際と可能性について述べられている。現時点での氏の結論は「個人や組織，地域というすべての水準で，自らが自らの力で危機を乗り越えられるよう，その力を確認し，尊重し，促進していく」ための，「支援する者とされるものという枠組みを超えた対等な立場での関わり」の重要性であった。自然災害に限らず，あらゆる危機への心理学的支援に通暁する視点であろう。

　第12章の五十嵐論文「テロによる心理的危機——テロ対策と社会的ネットワーク」では，テロの動機やテロを含む反社会的行動の伝染メカニズムに関する社会心理学的な視点からの分析を紹介し，さらに，ダーク・ネットワークの構造的特徴を整理した上で，テロ対策において社会的ネットワーク分析が果たす役割について論じている。危機のメカニズム解明とそれに基づく対策における心理学の貢献の可能性を示している。

　最終章，第13章の清河論文は，「こころの危機に対して心理学は何ができるのか」という問い自体を問い直すところから，こころの危機に対して心理学が果たしうる役割の検討を正面から行った論考である。こころ，危機，心理学というキーワードの意味の確認の上，「こころの危機」の回避，「こころの危機」という現象の理解，「こころの危機」を取り巻く状況の理解という三つの次元で，心理学が「できる」ことを提起している。そのなかには，すでに実現し機能しているものがある一方で，未だその可能性が十分実現でき

ていない領域があることを指摘し，今後の課題を明らかにしている。

　こうやって見てくると，個人，コミュニティ，社会，それぞれのレベルの危機について，心理学がこれまで貢献してきたことは決して少なくはない。一方で，今，私たちの目の前にある問題の大きさからすれば，ほんの一部に迫れているに過ぎない現実も認めざるを得ない。そもそも，心理学だけでできることはほとんどないと言ってもよいだろう。これまで以上に国を超えて，領域を超えてさまざまな専門家と繋がっていくこと，それに向けて，まずはこれまでの貢献を十分な根拠を持って社会に発信していくことから始めなければならない。本書がそのささやかな第一歩になることを願っている。

　　　　　　　　　　　　　　　　　　　　　　　　　　　　窪田由紀

目　次

はじめに――"こころの危機"への心理学的アプローチの現状と課題を探る――

●窪田由紀　*3*

第1章　こころの危機とは …………………………………… 金子一史　*17*

はじめに　*17*

Ⅰ　危機の定義　*18*

Ⅱ　危機の分類　*19*

Ⅲ　危機がもつ両側面　*21*

Ⅳ　危機状況下での認知バイアスと行為スクリプト　*22*

Ⅴ　サイコロジカル・ファーストエイド　*23*

Ⅵ　危機を乗り越えて――レジリエンスと心的外傷後成長　*26*

おわりに　*28*

第1部　個人の危機とこころ

第2章　精神科に見られる心理的危機
――自らの病に向き合う―― ………………………… 森田美弥子　*33*

はじめに――統合失調症におけるこころの危機　*33*

Ⅰ　事例A：「自分は特別な存在にちがいない」　*35*

Ⅱ　事例B：「自分の身体を変えられてしまった」　*37*

Ⅲ　「わからなさ」「わかり合えなさ」をめぐって　*39*

Ⅳ　関わり続けることの意味　*42*

第3章　学生相談に見られる心理的危機
――自らの不適応感に向き合う―― ………………… 渡邉　素子　*45*

はじめに　*45*

Ⅰ　学生と心理的危機の諸相　*46*

Ⅱ　支援の実際　*56*

おわりに　*61*

第4章　犯罪被害者の心理的危機

　　　　──自らの被害体験に向き合う──　………………………………　坪井裕子　63

はじめに　63

　Ⅰ　犯罪被害とは　64

　Ⅱ　わが国における犯罪被害者支援　70

　Ⅲ　犯罪被害当事者との関わりから　72

　Ⅳ　いくつかの課題　75

第5章　非行少年の心理的危機

　　　　──自らの罪を悔いることの難しさ──　………………………　河野荘子　79

はじめに　79

　Ⅰ　なぜ加害行為が発生するのか　80

　Ⅱ　反省の裏にある感情──なぜ少年たちは反省できないのか　83

　Ⅲ　非行少年に私たちができること　88

おわりに　89

第2部　コミュニティの危機とこころ

第6章　学校の危機と心理学的支援　………………………………　窪田由紀　95

　Ⅰ　学校の危機　95

　Ⅱ　学校の危機への心理学的支援　100

　Ⅲ　学校危機への心理学的支援に関する研究　104

　Ⅳ　むすびに代えて　109

第7章　家族で発生する心理的危機

　　　　──虐待と親子関係の修復──　……………………………………　千賀則史　113

　Ⅰ　虐待という家族の危機　113

　Ⅱ　親子関係の修復に向けた支援　115

　Ⅲ　コミュニティで家族を支えること　118

　Ⅳ　家族の危機に心理学ができること　123

第8章　対人関係で発生する心理的危機Ⅰ
──いじめの発生と修復── ……………………………………小倉正義　125

はじめに　*125*
Ⅰ　「学校でのいじめ」とは何か　*126*
Ⅱ　いじめの構造と対応　*127*
Ⅲ　いじめの予防と修復を考える　*129*
Ⅳ　いじめに対応できる人材の育成　*132*
おわりに　*135*

第9章　対人関係で発生する心理的危機Ⅱ
──ハラスメントの発生と修復── ………………………葛　文綺　139

Ⅰ　これまでのハラスメント研究　*139*
Ⅱ　架空事例　*141*
Ⅲ　事例を通してみえたハラスメント相談と対応の特徴　*145*

第3部　社会の危機とこころ

第10章　原子力災害と心理学 ……………………………………氏家達夫　155

Ⅰ　東京電力福島第一原子力発電所事故とその心理学的影響　*155*
Ⅱ　原子力災害に対する人々の反応──先行知見　*159*
Ⅲ　原子力災害への人々の反応の特徴と構造　*162*
Ⅳ　信用危機　*164*
Ⅴ　解決はあるのか？　*168*

第11章　東北地方太平洋沖地震による心理的危機…………狐塚貴博　175

はじめに　*175*
Ⅰ　大規模災害における心理・社会的支援の前提　*177*
Ⅱ　心理・社会的支援の対象　*178*
Ⅲ　時間の経過に伴うこころの動き　*179*
Ⅳ　被災者のニーズと支援の多様性　*181*
Ⅴ　個人や集団の資源に目を向ける　*185*
Ⅵ　心理的支援としての個別面接　*187*
おわりに　*189*

第12章 テロによる心理的危機

──テロ対策と社会的ネットワーク── ……………………五十嵐 祐 193

　Ⅰ　日本でのテロに対する懸念　*194*
　Ⅱ　テロによる集合的アイデンティティの獲得　*195*
　Ⅲ　反社会的行動の伝染　*197*
　Ⅳ　ダーク・ネットワークの構造的特徴　*199*
　Ⅴ　リーダーレス・ジハード　*202*
　Ⅵ　テロ対策と社会的ネットワーク　*203*

第13章 こころの危機に対して心理学は何ができるのか… 清河幸子 207

　はじめに　*207*
　Ⅰ　「問い」を問い直す　*207*
　Ⅱ　こころの危機に対して心理学は何ができるのか？　*210*
　おわりに　*212*

おわりに●森田美弥子 215

索引 *219*

監修者略歴 *222*
編著者略歴 *223*
執筆者一覧 *224*

こころの危機への心理学的アプローチ

個人・コミュニティ・社会の観点から

第1章

こころの危機とは

●

金子一史

はじめに

　これまで人類は，さまざまな生存上の危機に曝され続けてきた。疫病による死を恐れ，否応なしに巻き込まれる戦争や紛争，大規模な自然災害による厄災など，生命や財産を奪われる機会に繰り返し巻き込まれてきた。文明が発展し，科学の進歩が著しい現在であっても，目の前に迫っている危機からは，完全には逃れることができていない。その一方，われわれはさまざまな危機や脅威と隣り合わせにいながらも，毎日の生活を営み，生命をつなぎ，時代を紡いできた。

　今日，さまざまな研究の蓄積により，危機状態の理解，危機介入の重要性が，以前に比べて深く認識されるようになってきた。以前では，危機状態は数週間という短い期間続いた後，不穏が収まれば終結すると考えられていた。けれどもこの考え方は近年になって改められつつあり，危機がもたらす影響は，人生の長きにわたる場合も珍しくないことが理解されるようになってきた。危機に直面した人の中には，危機に正面から対処し，哀しみを乗り越えていく人もいれば，危機を乗り越えるために傷ついた感情が意識に上ってくるのを，その後の長い人生を通して，防ぎ続けている人もいる。また，危機に直面後，重篤な精神症状が現れ，適切な支援と介入なしでは，日々を過ご

すことができない場合も珍しいことではない。

　本章では，こころの危機について，これまでの研究を振り返りつつ整理する。そして，こころの危機への支援のあり方と近年の研究動向について，取り上げて検討する。

I　危機の定義

　こころの危機について体系的に検討されるようになったのは，他の心理精神的問題に比べると，つい最近のことである。鏑矢となったのは，キャプラン（Caplan, 1961, 1964）の危機理論であると思われる。キャプランは，危機を「人生の重要な目標にむけての障害物に直面した際，これまで用いてきた問題解決方法では乗り越えられなくなった時に発生する。混乱の時期，つまり気が動転する時期が続いて起こり，その間にさまざまな解決を試みるけれども失敗に終わる」と定義した（Caplan, 1961）。これ以降，危機介入についての理論および実践についての検討が精力的に進められた。日本における危機への心理的支援は，キャプランの元で地域精神保健の訓練を受けた山本和郎に始まる。彼は，1966 年にハーバード大学への留学から帰国後，コミュニティ心理学のアプローチに基づいて，危機介入における実践を展開してきた（山本，1986）。

　危機理論が進展するに従って，危機の定義についても検討を繰り返して精緻化され続けてきた。ジェームス（James, 2016）は，これまでに提唱されてきた複数の危機の定義を包括的に検討した上で，以下の定義を提唱している。「危機とは，ある出来事や状況を，個人が持っている資源や対処方略を超えた耐えがたい困難として認識または体験することである。安らぎを得られない場合，危機は，自己や他者に向けて危害もしくは致死的な行動をもたらすような，情緒的・行動的・認知的な機能不全をもたらす」。

　一方，危機は，個人にのみ生じるのではなく，集団やコミュニティにも多大な影響を与える。個人が危機の状態にある際には，家族など，個人を取り巻く人々も大きく揺さぶられる。近年の危機理論では，これらの危機を「システムの危機」として組み込むようになってきている。システムの危機の

定義は「トラウマ的な出来事が，人々，施設，コミュニティに起こった場合，生態系は圧倒的に打ち負かされ，身体的にも心理的にも反応するという点において，出来事を実質的に制御することができない」と定められている（James, 2016）。この場合のシステムとは，家族，職場，コミュニティ，都市，国家など，幅広い組織を意味する。これらのシステムが危機にさらされた場合，システムの平衡を失い，これまでの反応システムや対処方法はもはや機能しなくなってしまう。そのような状態で，適切な介入が行われない場合には，システム自体が機能停止に陥ってしまう。したがって，危機を捉える際には，個人の危機という視点に加えて，システムの危機という視点を含めて検討する必要がある。

Ⅱ　危機の分類

　これまでにも，危機をいくつかの種類に分類して理解しようとする試みがなされてきている（たとえば，Brammer, 1993; Cavaiola et al, 2018; 窪田，2015 など）。ここでは，危機を，発達的危機，緊急事態による危機，実存的危機，生態学的危機の四つに整理して提示する。

　発達的危機とは，人生のそれぞれの時期や移行に伴って，人が遭遇する種々の困難を指す。最も広く知られているのは，エリクソンの発達理論で提唱された心理社会的危機であろう。人生を通した各段階において，次の段階に移行していくために，解決するべき課題や葛藤に取り組む必要に迫られるとしている。それらの課題は，出生後の養育者との二者関係から始まる。その後も，就園などによる集団への参加，就学，同性の仲間関係の形成，勉学，進路選択，恋愛，就職や結婚，離婚や再婚，妊娠および出産，子育て，転居，昇進や転職，子離れ，退職，介護，老いや心身の衰えなどと絶え間なく続いていく。人生は新しい課題が次々と迫ってきて，それらに否が応でも対峙し続けることの連続となっている。人生上のどこかの時点で，発達的危機に遭遇した際には，これまでに身につけてきた対処方法を総動員するけれども，どれもこれもうまく行かなかった場合は，心理的な不均衡に陥り，深刻な危機状況が発生する。

緊急事態による危機は，危機という言葉から最も一般的に連想されやすい
タイプの危機である。緊急事態をもたらす事象は，予測不可能で，突然発生
し，個人ではどうすることもできず，外部から圧倒する力で襲いかかる。そ
のような事象は，まれにしか発生しないけれども，遭遇する可能性は常に存
在し，ひとたび発生した場合は，緊急支援が必要となる。緊急事態による危
機をもたらす事象としての例は，事件，家庭内暴力，虐待，殺人，自死，強
盗，強制性交，テロなどの犯罪被害や，交通事故，失職，突然の病気や死亡
が挙げられる。

　実存的危機は，人生や生きる意味に疑問を持ったり，自身の存在に意味を
見いだせない時に発生する（James, 2016; Cavaiola, 2018）。ヨーロッパで 20
世紀におこった二度の悲惨な世界大戦の体験と精神的荒廃を背景として，キ
ルケゴール，サルトル，ハイデッガーらの，実存主義哲学が興った。実存主
義哲学は，ビンスワンガーおよびメルタルト・ボスによる現存在分析や，フ
ランクルの実存分析として，心理療法における人間理解のあり方にも，大き
な影響を与えた。実存主義においては，人間は不安や苦悩にみちた存在で，
重い闇を内包していると捉える。実存主義心理療法においては，この世にと
どまれるかとどまれないかといったような，人間の存在自体をより所とする
ような，実存的苦悩を取り扱うことを重視している（Davison et al, 2004）。

　生態学的危機は，典型的には自然によって，もしくは人為的にもたらされ
た災害によって引き起こされる。被災者自身や，人々の取った行動に過ちは
ないにもかかわらず，その環境下にいるほとんどすべての人々に大打撃を
与え，混乱に陥れる。震災，津波，噴火，水害などの自然災害が当てはま
る。その他に，生物学的背景から発生する生態学的危機として，2003 年に
アジアとカナダを中心に感染が拡大した SARS（Severe Acute Respiratory
Syndrome；重症急性呼吸器症候群）や，2014 年に西アフリカで広まったエ
ボラ出血熱などの感染症が挙げられる。政治的背景から発生する生態学的危
機には，紛争や難民問題，第一次世界大戦後に発生した世界恐慌が挙げられ
る。

Ⅲ　危機がもつ両側面

　こころの危機は，自己の対処能力をはるかに超えた強烈な事態に遭遇したため，これまでの対処方略では対応しきれなくなってしまい，重篤な精神症状を引き起こす。この点では，自己にとって危険な出来事である。危機状態に陥っているときは，不安，ショック，出来事によって引き出される苦痛などの強烈な感情に襲われ，個人が持っている対処能力は破綻する（Brammer, 1993）。

　一方，「ピンチはチャンス」という言葉があるように，危機は「機会」，つまり良い方向への変化のきっかけにもなりうるという点で，転換点や分かれ目という意味を含んでいる（星，2017）。危機状態に陥った時には，これまでにない対処を手当たり次第に試みる。悪戦苦闘した結果，混乱を生じながらも何とか状況が落ち着いたならば，その人は，これまでには保持していなかった新しい対処方法を身につけることができたと捉えられよう。このように，その人のこれまでの状態から，一歩前進することができるという点で，危機は，成長や変化への兆しを包含しているともいえる。また，危機によってもたらされた苦痛は，援助を求める行動を強力に促す（James, 2016）。この点で，援助希求行動をとるきっかけとなりえる。要支援者が援助希求行動として他者に助けを求めた結果，適切な介入と支援が届けられるならば，その人が危機を乗り越える力を育むのに有効となるだろう。このように，危機事態は，その人の人生における転機となりえる。

　このような危機の持つポジティブな側面は，個人に限らず，システムの危機にもあてはまる。たとえば，一般企業において，会社の財政的な問題が表面化したことをきっかけとして，財政再建と組織改革に取り組み，新しい社会に適応したより効率的で機能的な組織に変化を遂げたりすることなどがあろう。公的機関などが危機に陥った場合など，外部からの緊急支援が提供される経過の中で，これまでの潜在化していた組織内の問題が再認識された結果，改善プランが提示されて実行に移されることなどの例がある。

　このように，危機は個人やシステムにとっては脅威ではあるけれども，よ

り望ましい方向への変化の兆しを持っているという視点も心に留めておく必要がある。実際に，危機理論においては，危機は決してネガティブなものではなく，発達促進可能性を有していることが指摘されている（山本，1986）。

Ⅳ　危機状況下での認知バイアスと行為スクリプト

　危機状況下では，平時とは状況が異なっていることから，状況認識の仕方や行動の様式が通常通りとはならなくなってくることが知られている。危機状況下において，状況認識のあり方に偏りが大きくなった場合には，その後の対処行動にも影響を与える。ここでは，そのような認知バイアスとして，正常性バイアスと心理的視野狭窄を取り上げる。また，危機状況下での対処行動と密接に関連するものとして，行為スクリプトについて述べる。

　正常性バイアスとは，自分だけが大丈夫だろうと楽観的に考えたり，状況を深刻ではないと思いたい欲求から，危険な事態であっても正常な物だと認識してしまう。たとえば，火災報知器が鳴った場合，実際に火災が発生していると考えるよりも，「誤報ではないか」と考えがちである。緊急地震速報を受信しても，「大震災ではなく，小さな地震ではないか」と考えて，対応行動は取らなかったりする。このように，迫り来る出来事が，自己にとって重大な危機であると認識するまでに，バイアスの存在が障壁となる場合がある。

　心理的視野狭窄は，トンネルの中にいる状態に例えることができる。周囲は真っ暗だが，遠くから一筋の光が差し込んでいて，それはこの状況から抜け出る唯一の方法であって，それ以外には道がないと思い込んでしまう。心理臨床の領域においては，自殺の危険が高い人に特徴的な認知バイアスの一つとして，「自殺しかこの苦しみから逃れるすべはない」と思い込みやすいことが報告されている（高橋・他，2013）。心理的視野狭窄を起こしているときには，一つのことに意識を集中してしまっており，その結果，他に重要かもしれない内容がトンネルの外に押し出されてしまい，見えなくなってしまう（Mullainathan et al, 2013）。平時であれば，難しい問題を抱えていても，複数の解決案を思いつくことができたり，他者に相談を持ちかけたり，しば

らくは静観してみるなど，いろいろな対処法を思いつくことが可能である。けれども，心理的視野狭窄に陥っている場合は，解決法はそれしかないと極めて追い詰められており，思考の柔軟性が失われてしまう。このため，危機状況では，視野から外れてしまっている事柄に，どのようにして気付いてもらうかという点も，主要なアプローチの一つとなる。

　自然災害などの緊急事態による危機において，避難行動を取るかどうかを決定するのは，具体的な避難行動に関する行為スクリプトを持っていることが鍵となることが指摘されている（元吉，2018）。一般的に行われている防災訓練の効果について，疑問視する意見もあるけれども，繰り返し訓練を行うことには，非常時に発動が可能な行為スクリプトを身につけさせているという意味がある。行為スクリプトが身についていない場合は，たとえば大地震が発生した後に，即座に避難するという行動が生起しにくい。2011 年に発生した東日本大震災では，避難訓練を繰り返していたこともあって，とにかく高いところに逃げるという行為スクリプトを実行し，命を守ることができた。災害後の被災者がよく述べる言葉に，「災害時には，普段やっていることしかできない」というのがある（元吉，2018）。避難訓練において，単純な行動を繰り返し練習することは，緊急事態において発動可能な行為スクリプトを身につけるという点で，改めてその重要性が認識されている。

V　サイコロジカル・ファーストエイド

　災害・紛争・犯罪などの緊急事態による危機に巻き込まれた人々に対して，心理的支援をさしのべる際の手法として，サイコロジカル・ファーストエイド（Psychological First Aid）の重要性が認識されるようになってきた。サイコロジカル・ファーストエイドの目的は，要支援者の苦痛を減らし，現在のニーズに対する援助をすることである。サイコロジカル・ファーストエイドは，支持的かつ非侵襲的に行われる支援方法であって，心理的支援のみに焦点を当ててはいない。最も重要視されるのは，要支援者のニーズを確認し，生きていく上での基本的ニーズを満たす手助けをすることである。その中には，食料，水，住居，衣服などの，生きる上での現実的な支援も含まれている。

第 1 章　こころの危機とは　　*23*

サイコロジカル・ファーストエイドが確立してきた背景には，これまでの苦い体験がある。過去には，複数の支援チームが被災地で支援活動を行った際に，独自の方針にこだわって心理的支援活動を行ったため，かえって被災地を混乱させたという経緯がある。また，災害後の緊急支援に関する知見が確立していない時期には，被災直後に心理的デブリーフィングとして，被害体験を掘り下げて表出を促すような介入も行われていた。サイコロジカル・ファーストエイドは，トラウマ体験や喪失体験の詳細を聞き出すことを目的としていない。被災直後に心理的デブリーフィングを行うことは，かえって予後が悪化することが明らかになっており，今日では，トラウマティックな出来事に遭遇して深刻な精神的苦痛を感じている被災者には，心理的デブリーフィングよりもサイコロジカル・ファーストエイドを提供するべきという知見が確立している（National Child Traumatic Stress Network and National Center for PTSD, 2006）。この他にも，英雄的なスタンドプレーを目指して活動したり，自身の専門とする技法のみを提供しようとすることに拘ったりして，現地スタッフを困惑させるということが起こっていた。

　サイコロジカル・ファーストエイドでは，被災者のニーズをアセスメントし，基本的ニーズを満たす手助けを目指している。これらの点から，心理臨床の専門家が行うカウンセリングとは異なっている。サイコロジカル・ファーストエイドを提供する人としては，医療関係者だけではなく，防災，教育，治安，行政などに従事する人や，NGO・NPO およびボランティア関係者など，幅広い支援者が想定されている。

　ここでは，WHO 版のサイコロジカル・ファーストエイドを取り上げる（World Health Organization, War Trauma Foundation and World Vision International, 2011）。サイコロジカル・ファーストエイドを行う際には，相手の安全，尊厳，権利を尊重しなくてはならない。支援者の行動が，被災者をさらに傷つけないように努めなければならない。相手の文化を考慮に入れて，それにあわせて行動することが求められる。現地の社会的・文化的規範を理解することは，現場の状況にあわせて活動することと繋がっている。危機管理関係当局の指示に従い，同時に行われている他の緊急対応の活動を妨げないようにし，自分の役割とその限界をわきまえる。

サイコロジカル・ファーストエイドでのコミュニケーションでは，話したい人がいればその人の話に耳を傾けるけれども，体験したことを話すように無理強いをしないことが強調されている。現地に入る前に，可能なかぎり，状況についての正確な情報を収集する。これには，現地で利用できるサービスや支援などに加えて，治安情報なども含む。自身の安全を確保するためにも重要である。

　WHO版サイコロジカル・ファーストエイドでは，基本的な活動として，「見る」「聞く」「つなぐ」の三つが挙げられている。

　「見る」には，現状に留まっていても，自分自身や他者に危害が及ぶことがないかという，安全の確認が挙げられる。また，明らかに急を要する，基本的ニーズへの緊急の対応が明らかな人々を確認し，支援が届けられるようにしなくてはならない。

　「聞く」には，こちらが役に立てることはないか，被災者が必要な物や気がかりなことについて尋ねたりするなどして，支援が必要と思われる人々に寄り添う。安全な場所で人々の話に耳を傾け，気持ちを落ち着かせるような手助けをする。

　「つなぐ」には，被災者が必要としているニーズ（食料，水，避難場所など）を理解し，それが満たされるように手助けをすることが挙げられる。情報を提供する際には，サービスを受けるための問い合わせ先を被災者に伝えたり，直接紹介したりする。家族が離ればなれにならないために，家族や親戚など，信頼できる人と連絡を取ってもらえるような手助けをしたりする。

　危機のリスクが高い人としては，子ども，健康上の問題や障害を持っている人，差別や暴力を受ける恐れがある人が挙げられる。リスクが高い人であっても，困難に対処する能力をその人自身が持っていることを忘れずに，その人自身の力で困難に対処できるように手助けをする。サイコロジカル・ファーストエイドでは，思いつきや気休めを言わないことも大切としている。

　WHO版のサイコロジカル・ファーストエイドの他には，アメリカ国立子どもトラウマティックストレス・ネットワークとアメリカ国立PTSDセンター版による手引きがある。内容としては，以下の項目から構成されている。(1) 被災者に近づき活動を始める，(2) 安全と安心感，(3) 安定化，(4)

情報を集める，（5）現実的な問題の解決を助ける，（6）周囲の人々との関わりを促進する，（7）対処に役立つ情報，（8）紹介と引き継ぎ。WHO 版とアメリカ国立子どもトラウマティックストレス・ネットワークとアメリカ国立PTSD センター版との間では，細部には少々違いは認められるものの，その基本理念と実際の手法は，多くが共通している。両者ともに，インターネットで公開されている。

VI　危機を乗り越えて——レジリエンスと心的外傷後成長

こころの危機に見舞われると，一過性のストレス反応として心身にさまざまな反応が生じる。これらの反応は，時間の経過と共に減少して，一定に落ち着く。けれども，中には日常生活に支障をきたすほど心身の健康が損なわれ，不適応状態に陥る場合がある。しかし，リスクに曝された人のすべてが不適応に陥るのではなく，困難な状況にあっても，それを乗り越えて適応を獲得している人々の存在に，次第に注目が集まるようになってきた。ここでは，レジリエンスと心的外傷後成長（Posttraumatic growth : PTG）を取り上げる。

レジリエンスを一言で定義することは難しく，その定義と概念について，現在も活発な議論が続けられている（たとえば，上野・他，2016 など）。「困難で驚異的な状況に曝されることで一時的に心理的不健康な状態に陥っても，それを乗り越え，精神的病理を示さず，良く適応する状態」（小塩・他，2002），「様々なストレスや逆境によってもたらされる圧力の中で，精神的病理を示さず心理的な回復ないし適応を示す力」（平野，2018）などと定義されている。さまざまにレジリエンスが定義されている中で，「逆境」の存在と，それにもかかわらず「適応」するという点は，共通して含まれている。

レジリエンスが注目されるようになったのは，ワーナーら（Werner et al, 2001）が 1955 年に行ったハワイのカウアイ島の研究が始まりである。両親の精神障害，貧困，家庭内での不仲，両親の離婚など，逆境の下で生活をしている子ども達の追跡調査が行われた。1955 年に出生した 689 人について，40 年にわたって追跡した。発達の早期に，四つ以上のリスク要因を持って

いた子どもをハイリスク群とした。その結果，ハイリスク群の3分の2は，10歳時点で学習上の問題や，非行の問題を起こしており，18歳時点では，精神障害を発症していた。けれども，残りの3分の1の子どもは，逆境下にあったにもかかわらず，人生に折り合いをつけながら，生活を営んでいた。さらには，ハイリスク児とされて，青年期には不適応を示した若者であっても，30代に入ると，教育を受け直していたり，情緒的に安定したパートナーを得たりするなどして，適応的な生活を営んでいた。つまり，リスク要因を持っている子ども達が，すべて不適応となるのではなく，逆境にもかかわらず良好な発達を遂げる子どもの存在が，実証的に明らかにされた。レジリエンスな発達を遂げる子どもには，(1) 個人的特性（認知能力，好ましい気質，自己効力感やチャレンジ精神など），(2) 家族の特徴（親密で温かい家庭），(3) 家庭外のサポート（相談できる教員や，地域社会での年配者，同世代の仲間）の存在が，これまでの研究によって繰り返し指摘されている（Rutter et al, 2005）。

　心的外傷後成長（PTG）は，トラウマあるいはストレスフルな出来事との奮闘によって生じるポジティブな心理的変容を指す（Tedeschi et al, 1996）。心的外傷後成長は，「外傷的な出来事に対して奮闘した結果経験される肯定的な心理的変容」と定義されている。心的外傷後成長が生起するきっかけとなるのは，狭義のトラウマに限定されず，個人の中核や信念を揺るがすような衝撃度の高い出来事であるとされている。つまり，客観的な出来事の衝撃度が重要なのではなく，該当の出来事は人生観が変わるほどの影響力を持って主観的に経験されたかどうかが重要だと考えられている（宅，2016）。これまでに死別や事故，病気，自然災害などに加えて，がんと診断されること，脊椎損傷や先天性障害と診断されること，差別を受けることなど，多種多様な出来事について，研究が行われてきている。心的外傷後成長では，これまでとはまったく異なる価値観を得ることや，生き方が変化するという質的な変化を伴うことを重視している。

　レジリエンスは，逆境などの困難な状況からの回復に重点が置かれている。一方，心的外傷後成長は，逆境と奮闘することによる再構成が重視されている。回復と再構成という点は，レジリエンスと心的外傷後成長の違いとして

捉えられている（上野・他，2016）。

おわりに

　本章では，これまでのこころの危機への取り組みや支援について，整理しながら検討を加えた。人類は，太古の昔から，多大な危機に曝され続けてきた。多種多様な状況が存在する危機に対して，そのどれにも有効となる万能的な対処方法は存在しない（James, 2016）。背景には，出来事の状況がどれ一つとして同じものは存在しないことに加えて，同一の危機となり得る出来事を体験していても，個人や周囲がそれをどのように受け止めているかによって，反応や影響が異なることもある。

　今後，こころの危機に関する研究や取り組みがより一層進み，将来遭遇するかもしれない危機に対して，これまでからもう一歩進んだ，適切な支援が届けられるようになっていることを期待したい。「災害は，忘れた頃にやってくる」という言葉がある。適度な緊張感を維持しながら，こころの危機への備えを平時から継続して行っていくことが，大切であると思われる。

引用文献

Brammer LM（1993）The Helping Relationship : Process and skills. 5th Edition. Boston : Allyn and Bacon.

Caplan G（1961）An Approach to Community Mental Health. London : Tavistock Publications.（加藤正明監修, 山本和郎訳（1968）地域精神衛生の理論と実際. 医学書院）

Caplan G（1964）Principles of Preventive Psychiatry. New York : Basic Books.（新福尚武・河村高信（1970）予防精神医学. 朝倉書店）

Cavaiola AA & Colford JE（2018）Crisis Intervention : A practical guide. Los Angeles : SAGE.

Davison GC, Neale JM & Kring AM（2004）Abnormal Psychology. 9th Edition. Hoboken, NJ : John Wiley & Sons.（下山晴彦編訳（2007）テキスト臨床心理学 1　理論と方法. 誠信書房）

星薫（2017）危機と人間（森津太子・星薫）危機の心理学. 放送大学教育振興会, pp.9-20.

平野真理（2018）心のレジリエンス（奈良由美子・稲村哲也編）レジリエンスの諸相. 放送大学教育振興会, pp.230-246.

James RK & Gilliland BE（2016）Crisis Intervention Strategies. 8th edition. Boston :

Cengage Learning.

窪田由紀（2015）危機への心理的支援—危機介入から心理的支援へ．（金井篤子・永田雅子編）臨床心理学実践の基礎その2　心理面接の基礎から臨床実践まで．ナカニシヤ出版，pp.91-111.

元吉忠寛（2018）災害の心理（土田昭司編著）安全とリスクの心理学—こころがつくる安全のかたち．培風館，pp.59-88.

Mullainathan S & Shafir E（2013）Scarcity : Why having too little means so much. London : Penguin.（大田直子訳（2015）いつも「時間がない」あなたに—欠乏の行動経済学．早川書房）

National Child Traumatic Stress Network and National Center for PTSD（2006）Psychological First Aid : Field Operations Guide. 2nd Edition.（National Child Traumatic Stress Network 版　http://www.j-hits.org/psychological/pdf/pfa_complete. pdf#zoom=100）（兵庫県こころのケアセンター訳（2009）サイコロジカル・ファーストエイド実施の手引き．第2版）

小塩真司・中谷素之・金子一史・長峰伸治（2002）ネガティブな出来事からの立ち直りを導く心理的特性—精神的快復力尺度の作成．カウンセリング研究，35 ; 57-65.

Rutter M & Taylor E（2005）Child and Adolescent Psychiatry. 4th Edition. Massachusetts : Blackwell.

宅香奈子（2016）PTG とは—20年の歴史（宅香奈子編）PTG の可能性と課題．金子書房，pp.2-17.

高橋祥友・高橋晶・山下吏良（2013）自殺予防のプロの対応—医療従事者のための早期発見と治療．医学と看護社．

Tedeschi RG & Calhoun LG（1996）The posttraumatic growth inventory : Measuring the positive legacy of trauma. Journal of Traumatic Stress, 9 ; 455-471.

上野雄己・飯村周平・雨宮怜・嘉瀬貴祥（2016）困難な状況からの回復や西洋に対するアプローチ—レジリエンス，心的外傷後成長，マインドフルネスに注目して．心理学評論，59 ; 397-414.

Werner EE & Smith RS（2001）Journeys from Childhood to Midlife : Risk, resilience, and recovery. New York : Cornell University Press.

World Health Organization, War Trauma Foundation and World Vision International（2011）Psychological first aid : Guide for field workers. WHO : Geneva.（World Health Organization 版　https://saigai-kokoro.ncnp.go.jp/pdf/who_pfa_guide.pdf）（（独）国立精神・神経医療研究センター，ケア・宮城，公益財団法人プラン・ジャパン（2012）心理的応急処置（サイコロジカル・ファーストエイド：PFA）フィールド・ガイド）

山本和郎（1986）コミュニティ心理学—地域臨床の理論と実践．東京大学出版会．

第 *1* 部

個人の危機とこころ

第2章

精神科に見られる心理的危機
──自らの病に向き合う──

●

森田美弥子

はじめに──統合失調症におけるこころの危機

　慢性疾患や障害を抱えて生きるのは大変つらいことである。服薬管理や行動制限などを伴うことから日常生活を送るうえでさまざまな支障が生じやすく，しかも，そのような状況であることを周囲の人たちに十分理解が得られているとも限らない。偏見あるいは同情の視線を浴びるのではないかと考えると，自分の疾患や障害について他人に言うのもはばかられる。そのことを考えるだけでもつらい。こうした思いは，その疾患や障害が身体的なものであれ精神的なものであれ，共通しているだろう。もちろん，生活上の具体的な困難点，生きにくさは個々に異なると考えられるが，いずれの慢性疾患や障害においても，それに伴う「生きにくさ」は深刻な「こころの危機」となり得る。

　本章では，精神障害とくに統合失調症をもつ人に焦点をあてる。自分自身の「こころ」の中に危機をはらみながら懸命に生きている彼らに，どのような支援ができるのかできないのか，考えてみたい。最初に彼らの生きにくさについて視点を整理し，その後に，筆者がかつて心理職として精神科病院で出会った患者さんたちとの関わりを提示する。

　統合失調症は，妄想，幻覚，まとまりのない思考（発話），緊張病性の行動（興

奮または昏迷），感情の平板化や意欲欠如，といった症状を呈する。これら
の症状は，通常われわれが体験しないものである。不安や抑うつ等であれば，
ほとんど誰もが（度合いの多少はあるにせよ）時折体験する。妄想や幻覚等
についても極限的な状況——相当に大きな事件・事故・災害等に遭遇した場
合や加齢等による脳の変化が生じた場合など——に生じ得るが，それらは原
因が推測できる。ところが，明確なきっかけなどがなく，そうした症状が起
きると，周囲の人にはまったく理解しがたく，奇妙で不思議な印象を受けて
しまう。そして，「わからなさ」ゆえに敬遠されたり，非難されたり，といっ
た事態が生まれることとなる。精神障害に対して，社会生活が困難な不治の
病というイメージがもたれていた時代は長かった。

　精神科医療の現場はこの間に大きく変化した。時代の流れを見ると，①
20世紀前半は，精神障害者が私宅監置の状況から治療的処遇を受けるべく
精神科病院の設置・整備が進み，②中盤からは，精神障害者の人権尊重や社
会復帰が重視されるようになり，③現在，特に2013年の精神保健福祉法改
正により，他職種チーム医療による早期退院の促進や地域生活支援の充実が
図られている（林，2018）。筆者が心理職として精神科病院に就職したのは
1977年のことである。常勤6年間と非常勤7年間の勤務をしていた時期は，
まだ長期にわたり入院を続けている慢性患者が多くを占め，病棟の開放化や
ナイトホスピタルなど社会復帰に向けての試みが導入され始めた頃ではある
が，患者さんたちとは年単位の心理面接が行われていた。

　次節からは事例を示していくが，素材とさせていただいた事例はいずれも
1980年前後，つまり今から40年近く前に担当したものだという点で，社会
復帰や地域支援の促進といった施策が実現し始めた最近の動向からは，大い
なる時代錯誤の印象を与えるかもしれない。ここでは，個々の事例のプロセ
ス理解を深めるというよりも，精神科での心理的危機とその支援を論じるこ
とを目的としているので，心理職として彼らとともに過ごしていた筆者の行
動や考え，心境などにも触れながら経過を述べていく。また，特定の2事例
を中心に述べていくが，いずれも個人情報に関わる具体的な属性などは大幅
に改変している。

34　　第1部　個人の危機とこころ

I 事例Ａ：「自分は特別な存在にちがいない」

　Ａさんは，40歳台後半を迎えた頃に筆者の勤務する単科精神科病院に入院してきた。初めての入院である。通院歴もそれまではなかった。都会を離れたやや辺鄙な地域に母と二人でひっそりと暮らしてきた。ただし，Ａさんは相当な高級品嗜好があり，珍しい食材を取り寄せて料理を楽しんだり，優雅な調度品で室内を飾ったりしていた。亡くなった父が残してくれた資産も底をつくようになり，母は対応に苦慮していた。Ａさんに散財をしないよう注意をすることが多くなったが，Ａさんは言うことを聞かず，そればかりか，「近所の人が毒入りのお菓子をもってきた」「わざと大きな音をたてて自動車を走らせている」などと言い，隣家に石を投げるといった出来事があった。また，「自分の身を守るために」刃物を持ち歩くこともしばしばとなったため，それまで誰にも相談せずにいた母は親戚に助けを求め，初めてＡさんの生活ぶりを知って驚いた親戚がＡさんを受診させるに至った。

　入院後のＡさんは病棟の日課には従って過ごしていたものの，「自分は家柄もよいし，病気ではない。刃物など持ち歩いたことはない」と言い続けていた。筆者がＡさんのもとを訪れたのは入院後2カ月ほど経った頃である。定期的に会って話をしたいと伝えると，「とにかく私がここにいるということが不思議でなりませんの。退院させてもらうこと以外にしてほしいことはありません」と言う。しかし，突っぱねた言い方ではなく，筆者が尋ねるのに応じて，これまでの生活について語っていく。言葉遣いも態度も非常に上品で，お姫様のような雰囲気を漂わせるＡさんだが，能面のように表情に乏しく，動きもスローでぎこちない印象であった。

　生活史概要を述べておきたい。Ａさんの父は，やり手の実業家として一代で財を成し，お嬢様育ちの母とＡさんは何不自由なく暮らすことができた。一流志向で教育熱心な両親のもとで，Ａさんは学業優秀，スポーツ万能，文芸や料理も得意，とマルチな才能を発揮した。しかし，人付き合いは積極的でなく，一人で過ごすことを好んでいた。高卒後，両親の強い期待に反して大学進学はせず，企業の事務職に就いた。仕事ぶりは非常に熱心だったよ

第2章　精神科に見られる心理的危機　*35*

うだ。会議の書記をしながら，これが国会の議事録だったらよいのに，と思ったという。10年ほど勤めて退職しており，その理由はさだかではないが，ちょうどその頃，会社の演芸会でAさんが台本を書いた劇を上演した際に，見せ場と考えていた場面で舞台係のスタッフが予定していた照明操作をうっかり忘れてしまい，Aさんはショックで1週間仕事を休んだというエピソードが語られた。劇の内容は天照大神が天の岩戸から登場するシーンをモチーフにしたものだった。退職後は老親との暮らしで，Aさんは家事をしながら読書などを楽しむ程度で買い物以外の外出はほとんどしなかったとのことである。2，3の縁談話があったが断っている。30歳台半ばで父を亡くし，母と二人となってからしばらくして，前述のような高級品購入が目立ってきたようである。

　入院して半年が経ち，心理面接が20回を過ぎた頃，ふとしたきっかけで筆者は院内にあった世界の美術館全集という画集を見つけ，それを毎回1冊ずつ二人で見ながら話すことにした。外来の面接室に来ることにも抵抗がなくなり，楽しみにしてくれるようになった。Aさんは画集に収録された絵を1枚ずつ丁寧に見て，歴史上の人物については詳しい説明もしてくれた。筆者にはAさんの知識の豊富さに感心させられると同時に，古今の名画に触発されて表現されたAさんの信念や理想，不安その他の感情が伝わってきた。Aさんは貴族や宮廷の人々の肖像画や生活を描いたものや宗教的な絵画を特に丹念に見た。そういった絵が少ない頁になると「画家の関心は民衆へと移ってしまったのね」と残念そうに言っていた。また，裸婦像や彫刻などは「苦手」，戦いを描いたものは「目つきが怖い」と言い，「なぜこんな絵を描くのかしら」と不安そうであった。抽象画も好みではないらしく，「光が感じられない」「子どもが描いた絵みたい」と批判的な口調で感想を述べていた。総じて，Aさんは神のような超自然的な力を想定し，崇拝かつ畏怖しているようだった。しかし，筆者にはAさんが神秘の世界に完全にのめりこむ一歩手前のところで葛藤しているように感じられた。偶然にもAさんが自分と関連付けている○○菩薩像の絵があり，一体そこで何を語るのかと筆者は息をのんだ。おそるおそる「最近菩薩様の話をしないですね」と問うてみたところ，「生まれ変わりと言いましたか？　私は菩薩ではなく，

人なんです。ただ，その血筋をひくということを多少信じているだけですよ」
という答えが返ってきた。二重見当識にもとづく慎重な語り方であり，やみ
くもに主張せずにいるところは他者の目を意識する適応力を感じさせたが，
心の底では自分が特別な存在であることを信じている様子がうかがわれた。

　入院3年目になると，妄想と現実の使い分けがさらに進み，生活療法プロ
グラムに参加したり，病棟内の役割をこなしたり，経過は順調とみられた。
ソーシャル・ワーカーの努力で自宅への外泊が繰り返され，母の元へと退院
の運びとなった。その後は片道2時間かけての通院を隔週で継続していた。
時に服薬を怠るとてきめんに妄想がぶりかえしたが，逆に言うと薬効により
症状悪化は抑えられていたようだ。母が亡くなり，Aさん自身も70歳前後
に肺炎がもとで他界された。静かな晩年を過ごしたと思われる。

II　事例B：「自分の身体を変えられてしまった」

　30歳台後半の男性Bさんは，17歳の時から入退院を繰り返し，筆者が心
理面接を始めたのは4回目の入院中からである。「胸が痛い」「頭が変わって
しまった」「性器がおかしい」などと身体の異常感を訴え，「元の身体に戻し
てくれ！」と看護スタッフに詰め寄ったり，時に暴力をふるったりすること
もあり，対応の難しい患者とされていた。

　家族は両親と妹が二人。父は工事現場で仕事をしていた。1～2カ月に一
度面会には来るが，菓子などを渡すだけでほとんど会話も交わさず帰ってし
まう。スタッフとも話をせず，治療にも協力的ではない。一方，母は一家の
要のような存在で，面会や主治医との家族面談にも積極的に訪れ，Bさんを
退院させたいと苦心していたが，4回目の入院後まもなく事故で亡くなった。
妹たちはそれぞれ嫁いで家庭を持ち，実家とは必要最小限の関わりしかもた
ず，Bさんの面会に来院することはなかった。

　Bさんは小学校時代より「自分は変わり者に生まれついたのでは」と感じ
て，「皆のように自然にふるまえなかった」と振り返っている。中学時代か
ら「身体のあちこちがおかしくなり，やる気がなくなった」とのことである。
中卒後は何カ所か工場勤務に就職したが，いずれも長くて半年程度で辞めて

いる。17歳の時，従弟が海で水死するという事故があった。関連は不明だが，その少し後から，気に入らないことがあると母や妹に暴力をふるったり，家の窓を割ったり，ガスの火をつけっぱなしにする，室内に水を撒く，といった行動をとるようになり，往診にて初回入院となった。状態が落ち着いた頃からナイトホスピタルで工場に働きに出た。そこでは，人づきあいは最低限の接触しかないが，仕事は人並みにできているとの評価を得ていた。退院後も就職したが，2，3カ月くらいで辞めて，通院せずに自宅に引きこもってしまったため再入院，ということが繰り返されていた。

　4回目の入院は「生きがいがわからない」と初めて自発的に入院してきたが，母の死後は家族の受け入れ体制が十分でないこともあり，入院生活は10年を超える長期になっていた。病棟では「人に目を見られると頭が変わってくる気がする」「夜中に誰か来て身体を入れ替えられた」などの訴えが時々あった。家族に対しても「小さいころから食事に毒を入れられて育った」と不信感を抱いている。開始した心理面接でも，「頭が麻痺して悪くなった」と身体の違和感を語り，「退院したい。今の家が古くなったから建て直したい」とも語った。家族についての話題は多く，「親父は俺と人種が違う気がする」「本当は兄貴がいた。天神という名前。スタイルがよかったけど，死んでしまった。今，銅像ができて祀られている」「弟もいたけど，自分が殺した」「おふくろの腹の中にいる時，刃物で神経を切られた」「5歳の頃，医者が家に来て亀頭をとられた。魂も取られた。人間の構造を変えられた」「（これらの話は）宇宙人から聞いた」などと事実ではないエピソードを突然語ることが頻繁にあった。隔週ペースで面接が継続されたが，Bさんの話は連続性がなく，前の回に言っていたことをすっかり忘れていることがしばしばであったし，1回の面接の中で脈絡なく別の話が切り出されることも多かった。

　それでも，何十回か面接を重ねているうちに，古いカルテを読み，またBさんの生まれ育った地域の様子を折に触れて知るうちに，断片的な話をつなぎ合わせたストーリーが少し見えてきた。Bさんは幼稚園か小学校の頃，盲腸になり，しかし家人も気づかずに放っておかれたため，夜中にひどい腹痛となって，救急車を呼んで緊急入院し手術を受けたことがあったようだ。それが「突然医者が来て魂を抜き取られ，人間の構造を変えられた」体験とし

38　　第1部　個人の危機とこころ

て意味づけられていると考えられた。Bさんの家の近くには地域の戦没者の慰霊碑があり，その周辺は子どもたちの遊び場でもあった。天神とあがめられた架空の兄が祀られているという話は，それと関連しているのかもしれない。

　筆者にとってBさんの話の内容が聞き取りやすくなるのと並行して，Bさん自身も「一晩寝ると前の日のことを忘れている。覚えていられるようになりたい」と，今の生活の話になったり，廊下で筆者を呼び止めて「次（の心理面接）はいつだった？」と聞いてきたりするようになった。ある回では，「なんで心理の先生がちょくちょく俺に会いに来るんだ！？」とくってかかられたことがあった。状態の悪い患者だけ面接対象になっていると思ったらしい。担当病棟なので皆に会っていると説明し，一応納得したが，ふだん暴れだすと手が付けられないBさんであると知っていたので，筆者は内心かなり怖い思いをした。しかし，Bさんのこの疑問と怒りは妄想的とはいえない。自分が他者にどう思われているか，かなり現実的に意識していると感じられた。

　ただ，現実認識が芽生えたとはいえ，それが定着することは容易ではなかった。病棟生活においても相変わらず，突然怒り出し，窓ガラスを割ったり，他患と喧嘩をしたり，スタッフに暴力をふるおうとしたり，不穏な状態になることが不定期に生じていた。一進一退を繰り返しながら入院が継続されるなか，筆者が事情で退職することとなり，面接は中断した。最終回，心理面接の感想を尋ねたところ，Bさんは「楽しかった」と一言述べた。筆者には意外な言葉だった。と同時に，もしかしたらこの先，「病院の中で付き合っている女がいた」などという妄想的エピソードが形成されていくのだろうかという空想もよぎった。

III　「わからなさ」「わかり合えなさ」をめぐって

　AさんもBさんも，もし筆者が彼らの家族や職場の同僚であったなら，「一体この人なにを言っているんだろう？」と思い，言っている内容が現実ではないと伝えたくなってしまうかもしれない。こうした「わからなさ」はどこ

から生じるのだろうか？

　統合失調症の方たちは現実世界の見え方や意味づけが独特である。ワイナー（Weiner, 1966）は，自我機能の障害という視点から，統合失調症の見立てのためのモデルを提唱している。具体的にはロールシャッハ法，DAM人物画，WAIS を用いて，統合失調症の特徴がどのようにあらわれるかをまとめている。特に思考過程の障害については，クレイガー（Kleiger, 1999）による解説も参考にしながら以下に簡単に紹介する。

1）思考過程の障害：

①認知の焦点づけ（情報に選択的に注意を向け，本質的なこととそうでないことの仕分けを行い，関係のないものを除外する能力）の障害。「焦点を確立することの失敗」と「焦点を保持することの失敗」が含まれる。

②理由付け（目的と結果の関係，環境内の事物と出来事の関連を，論理的に推論する能力）の障害。「過剰な一般化思考」「不適切な結合思考」「偶発的思考」が含まれる。

③概念形成（適切な抽象水準で経験を解釈・説明する能力）の障害のあらわれとしては，「極端な具象性」と「過剰包括」の両極がある。

2）現実との関係：

①「現実検討」の障害（不正確な知覚作用，判断の障害），②「現実感覚」（曖昧な自我境界，歪んだ身体像）としてあらわれる。

3）対象関係の障害：

対人関係スキルの乏しさ，社会的動機づけの乏しさなどから生じる他者との接触の減少，とじこもり，外界への興味の減少など。

4）防衛操作の障害：

①「抑圧の失敗」（原始的防衛機制にもとづく不安定な感情表出），②「一貫性の欠けた感情統合」としてあらわれる。

5）自律的機能（知能，知覚，言語，記憶，運動発達，およびそれらの学習能力）の低下：

本来，統合失調症においても基本的に備わっているものであり，発症後に問題を生じると考えられている。

6）総合機能（上記五つの能力を効果的に利用すること）：

統合失調症は上記障害の複合的な状態と考えられる。「実際は損なわれていない機能の島を数多くもっており，ただその間に橋をかけることができず，また隠れた順応力をもっているが，それを発揮できないでいる」とワイナーは述べている。

　Ａさんの「自分の名前を音読みにすると○○。だから自分は菩薩様と関係がある」という主張，Ｂさんの「誰かが自分の身体を変えてしまい，魂も取られた」という主張は，一応きっかけがあるようだ。ただし，それはたまたま偶然に遭遇した出来事であり，そこまで重大な発見がもたらされるような出来事ではない。にもかかわらず，あまりにも飛躍した論理が展開され，しかも現実にはあり得ない結論に至っている。周囲の人に「わからない」と感じさせる大きなポイントとなるだろう。

　さらに，そうした独特の認知や思考にもとづいて，Ｂさんのように「他者が自分の身体に侵入して悪さを働いた」という自我境界の薄さを体験し，おそらくは小さな出来事の本質的ではない部分に反応して暴れまくるということもある。患者さんたちのほとんどは良好な対象関係が育っていない。ともすると周囲はすべて敵である。自分がいつ何をされるか，この世は一体どうなってしまうのか，常に不安でたまらない。その対処方略としての行動化もまた，自己コントロールの弱さや原始的防衛機制に起因するものであろうが，周囲の人にとっては「わからない」奇異な行動と映るにちがいない。その時，実は本人が一番苦しんでいる。他者と分かり合えない，しかも，何故わからないのかがわからない，共通理解がもちにくいという状況は，身体的な苦痛とは質の異なるつらさをもたらすと考えられる。渡辺（1991）は，「自分は自分であり，自分以外の何者でもない」というまぎれもない自明性が混乱に陥り，障害されて，「他者化」されること，それが統合失調症の本質であり，それは作為体験や世界没落体験，妄想，幻聴などの症状として現れる，と述べ，そうした存在論的な危機が，意識的・内省的に自覚されるのではなく，外部に投影されて自分自身を脅かすものと体験されてしまっている病態であると論じ，「自然な自明性の喪失」（Blankenburg, 1971）の概念をわかりやすく示してくれている。

第２章　精神科に見られる心理的危機　　*41*

Ⅳ　関わり続けることの意味

　統合失調症は残念ながら「完治」するのは難しい。したがって，障害と少しでも上手に付き合っていくことが重要だといえよう。前節で「わかること・わかり合うこと」の困難さにふれたが，AさんBさんの世界（ストーリー）の一端を筆者はわかったつもりにはなったものの，そのことを本人と共有するには至らなかった。おこがましく感じられて，「寄り添う」という言葉を簡単に使う気にならない。実際のところ，病理の重い方たちとの関わりにおいて，「受容・共感」の努力を維持するのはかなり骨の折れる仕事である。

　しかし，逆説的な発想ではあるが，「わかり過ぎること」は必ずしも治療的ではないと筆者は考えている。障害そのものは容易に消失していかないが，現実との折り合いを身に着けていただくには「わからない」を伝えることも有益である。「私，オリンピックで何度も優勝しているの。その演技を披露したこともある。カーテンのむこうに偉い人が座っていた。ちらっと見えたその人はエリザベス女王だった気がする」といった告白をしてくれた患者さんがいた。「へぇ，そんなことあるんだろうか？」と筆者は答えた。肯定も否定もせずに，「私には俄かに信じがたいことだ」ということを，ただし非難と受け取られるような口調ではなく伝えることにしている。

　開放病棟の患者さん何人かと近所の喫茶店にお茶を飲みに行った時に，「俺は車の運転もできるんだぜ。いつも100キロでぶっ飛ばしてた」と自慢する患者さんがいた。（へぇ危ないんじゃないの？）「いいんだよ，俺は秘密警察だから捕まることはないんだ」。居合わせた他のお客さんの手前，（そんなこと大きな声で言っちゃダメだよ。）と言ったところ，「心理の先生好きだから，せっかく話したのに怒らないでくれよ」（だってヒミツ警察なんでしょ。話さない方がいい。）「ああ，そうかぁ」という具合に会話は進んだ。妄想的な話の中で，ささやかに現実的な忠告をした場面である。

　広瀬（1982）はある統合失調症者の事例報告を通して，「生活していくこと自体の中に治療的意義が見いだされる」と述べた。これは継続的な心理面接と生活療法的関わりとを行いながら，現実感覚を身に着けていった経過の

報告で，生活療法や日常的話題における心理療法的意味を検討したものである。冒頭で述べたように長期慢性患者が対象となることの多かった時代の提言であるのだが，より地域へと支援の文脈が方向転換されてきた現代こそ念頭においておきたいことである。また，森田（2000）においては，Bさんと似た病理をもつ，言葉によるコミュニケーションが成立しにくい患者さんと，描画を媒介として関わることで，絵の内容や描き方が状態のバロメーターとして機能し，絵を通してこちらからのメッセージを伝えることが可能になった過程を紹介した。

　こうした事例からいえることは，内省的なサイコセラピーを主たる目的とするよりも，現実の日常生活での活動や関わりを通して，行動調整を行いつつ，そこで体験された気持ちを扱っていくことの有効性だと考えられる。

　リンドナー（Lindner, 1955）は自身の体験事例から，宇宙進出計画を語るクライエントとの面接をするうちに分析医の側ものめりこんでいき，ある日クライエントが妄想を卒業してしまい，取り残されたような寂しい想いを抱く自分を感じつつ，我に返ってクライエントを見送ったという事例を紹介している。筆者には大変興味深い読み物であった。支援者も現実と非現実の間を行き来する，しかし，軸足は現実世界にある，そのようなことは可能だろうか？　危険も伴うし，そこまで器用なことができる人は稀であろう。せめて少なくとも，良き理解者となって，患者さんが二つの世界を行き来できるような，つなぐ役割を果たせたらよいのではないか，と感じた。それは相当の期間を要する。精神科医療は今，社会復帰への促進に力が注がれるようになってきている。長期入院を防ぎ，社会とのつながりが重視されている。だからこそ，統合失調症者がもつ独自の非現実的な世界を一方では視野に入れながらも，現実世界のメッセンジャーとして関わり続ける立場の支援者が必要とされるだろう。

文　　献

Blankenburg W（1971）Der Verlust der natürlichen Selbstverständlichkeit : Ein Beitrag zur Psychopathologie symptomarmer Schizophrenien. Stuttgart : Enke.（木村敏訳（1978）自明性の喪失─分裂病の現象学．みすず書房）

広瀬美弥子（1982）生活療法との接点をめざして．（村上英治・池田豊應・渡辺雄三編）心理臨床家―病院臨床の実践．誠信書房．

Kleiger JH（1999）Disordered thinking and Rorschach：Theory, research and differential diagnosis. Taylor & Francis Group LLC.（馬場禮子監訳／吉村聡・小嶋嘉子，他訳（2010）思考活動の障害とロールシャッハ法．創元社）

Lindner RM（1955）The Fifty-minute Hour. New York：Harold Oder Associates, Inc.（川口正吉訳（1974）宇宙を駆ける男―精神分析医のドキュメント．金沢文庫）

森田美弥子（2000）荒れる分裂病者との描画療法の試み．（菅佐和子編）看護に生かす臨床心理学．朱鷺書房．

沼初枝（2014）心理のための精神医学概論．ナカニシヤ出版．

林直樹（2018）保健医療分野に関係する法律・制度（2）精神科医療．（元永拓郎編）公認心理師の基礎と実践23 関係行政論．遠見書房．

渡辺雄三（1991）病院における心理療法―ユング心理学の臨床．金剛出版．

Weiner IB（1966）Psychodiagnosis in Schizophrenia. New York：John Wiley & Sons, Inc.（秋谷たつ子・松島淑恵訳（1973）精神分裂病の心理学．医学書院）

第3章

学生相談に見られる心理的危機
──自らの不適応感に向き合う──

●

渡邉　素子

はじめに

……考えれば考えるほど，自分には，わからなくなり，自分ひとりまった
く変っているような，不安と恐怖に襲われるばかりなのです。自分は隣人
と，ほとんど会話が出来ません。何を，どう言ったらいいのか，わからな
いのです。……（太宰治『人間失格』より）

　学生の語る不適応感は，学生相談という場では決して珍しいものではない。
だが，自ら不適応感を問題として語る学生ばかりではなく，別の問題，たと
えば大学に行けない，単位が取れない，といった具体的な学業の問題の背景
にあるものとして，"ついでに"語られることも往々にしてある。

　わが国では，高等学校を卒業してから大学に進学する人の割合，いわゆ
る大学進学率が年々増加しており，2017年度は49.6％，短大も合わせれば
54.8％にのぼる（文部科学省，2017）。大学が，高等教育を施される一部の
特別な人々が集う特別な場所という意味合いが影を潜め，社会に出る手前の
青年期の若者たちの多くが通過していく一般的な場所という色合いが濃く
なっていることは，すでにさまざまなところから指摘されている。さらに少
子化に伴う18歳人口の減少による大学定員と入学希望者の逆転が始まるこ

ともあり，大学進学率がますます増加していくことが予想される。

　それに従って大学教育に求められるものも変容し，学生やその親たちが，就職する際に有利な付加価値となる専門性の獲得や，社会に出ても通用するような一般常識やコミュニケーション技術の体得など，高度な学問的知識よりも職業生活で役立つ専門性を求める傾向が強くなっている。

　こうした変化のはざまで，学生たちは何に出会い，どんなことで揺れ，戸惑い，苦悩し，そしてそれに折り合いをつけて次の一歩を踏み出すのか。この章では，学生相談という場を通して垣間見える，学生という立場の青年期の人たちの壊れそうなこころのあり方について触れ，その局面を乗り越えていくためにどのような支援が必要かについて述べたい。

I　学生と心理的危機の諸相

1．心理的危機をもたらすもの――自己の外と内の狭間に生じる危機

　学生は，日常生活の多くの時間を大学キャンパスという場で過ごし，余暇は部活動やサークル，ボランティア，アルバイト等々，それぞれの興味関心や生活状況によって思い思いの場で活動する。そういった中，学生たちの心理的危機はどのような形で立ち現れてくるのだろうか。まずは学生たちにとって心理的危機となり得る状況について，先行研究をもとに取り上げてみたい。

　これまでに，大学における心理的危機状況を整理し分類する試みはいくつかみられる。

　大泉（2006）は大学組織の危機管理という視点から，大学および高等専門学校における不測事態（事件・事故災害）の種類を挙げている（図3-1）。内野ら（2010）は，先に大学生に関わる事件・事故についてより具体的に把握するため，1997年1月から2003年12月までの5年間に新聞報道された記事を分類・集計したもの（内野・他，2008）を基調として，所属校で認知されている事件・事故についても加味してリスクを想定し，問題の原因（内的要因－外的要因），リスクの影響度，起こりやすさの観点から分類・評価を

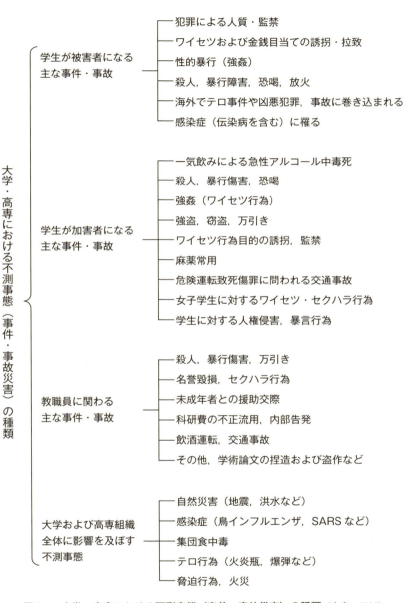

図 3-1　大学・高専における不測事態（事件・事故災害）の種類（大泉，2006）

第 3 章　学生相談に見られる心理的危機　　47

		非日常的リスク 影響度			日常的リスク 影響度		
		小	中	大	小	中	大
外的要因 発生頻度	大				不審者の接近	盗難，ひったくり 痴漢	
	中		集団食中毒	感染症（新型インフルエンザ等）暴行傷害，性的暴行の被害 強盗，恐喝，詐欺の被害　マスコミ報道によるイメージダウン			ハラスメント被害 ストーキング被害 建造物侵入・のぞき盗撮等の被害，強制わいせつの被害
	小			自然災害（地震，台風など）火災 ライフラインの停止 大学構成員が受ける犯罪被害（殺人，テロ，誘拐・拉致等人命にかかわる）			大学構成員が受ける犯罪被害（暴行障害，性的暴行等）
内的要因 発生頻度	大				実験，実習，正課教育での小事故 軽微な交通事故 未成年の飲酒 占有離脱物横領	大学構成員による不祥事（窃盗，万引き等）カルト活動 自傷行為	急性アルコール中毒
	中			重大な交通事故 道路交通法違反（無免許運転，酒気帯び運転）	学割の不正使用 キセル		ハラスメント行為 ストーキング加害 大学構成員による不祥事（強制わいせつ，建造物侵入・のぞき盗撮等）科研費の不正流用 精神不安定
	小		威力業務妨害（脅し等）	大学構成員による不祥事（殺人，暴行傷害，性的暴行，強盗等）危険運転致死傷罪に問われる交通事故 学術論文の捏造，盗作など 失踪，行方不明		個人情報流出	実験，実習，正課教育での大事故（人命にかかわる事故）薬物乱用　失火　自殺企図

図 3-2　大学において想定されたリスクの分類・評価（内野・他，2010）

表 3-1　倉本 (2012) による学生の心理的危機の類型

類型	概要	具体的事象
①環境の中で出合う外的ストレスによって陥る心理的危機	学生生活を送る環境の中で普通に出合う事柄が外的ストレスとなって心理的危機に陥る型	授業，課題（修学），寮生活，アルバイト（学生生活），クラス，サークル（人間関係）
②学生生活のサイクルに沿った心理的危機	学生生活で誰もが過ごすことになるさまざまな時期においてかかってくるプレッシャーや不安が大きな苦痛になって心理的危機に陥る型	新入生時期，試験時期，進路選択時期，卒業時期
③避けがたい出来事に見舞われて陥る心理的危機	不意にまたは事態が徐々に進行し，避けがたい出来事に見舞われて心理的危機に陥る型	事件，事故，自然災害，病や障害，近親者の病や死，実家の生活破綻，各種ハラスメント
④当人の行動選択の結果として陥る心理的危機	学生自身が取った行動が招いた結果により心理的危機に陥る型	失恋，妊娠中絶，ストーカー行為（人との交際で生じるトラブル），薬物，盗み，浪費，ギャンブル，負債
⑤生育歴・問題歴の中で至る心理的危機	独自の生育歴・問題歴の中で心理的危機に陥る型	家族関係の問題，いじめられや被虐待などの出来事の影響，長年抱えている精神疾患

している（図 3-2）。倉本（2012）は，臨床経験から学生の心理的危機の類型化を行い，「①環境の中で出合う外的ストレスによって陥る心理的危機」「②学生生活のサイクルに沿った心理的危機」「③避けがたい出来事に見舞われて陥る心理的危機」「④当人の行動選択の結果として陥る心理的危機」「⑤生育歴・問題歴の中で至る心理的危機」の五つの類型を挙げている（表 3-1）。

　内野ら（2010）の分類で軸の一つにされている，問題の契機が "外的な要因なのか内的な要因なのか" という観点は，そもそも心理的危機を考える上で欠くべからざる視点である。エリクソン（Erikson EH）は，危機には自我発達促進的側面と，適応阻害的側面の両面があることを指摘した（Erikson, 1959）。つまり，同じ状況でも，その人の自我の力によって心理的危機状況

第 3 章　学生相談に見られる心理的危機　*49*

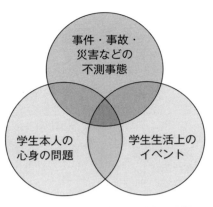

図3-3 学生の心理的危機状態の分類

となる場合もならない場合もあるし、逆に同じ人でも状況の深刻度が違えば、心理的危機状況に陥る場合もあれば陥らない場合もある。心理的危機状況に陥っている場合、個人にもともと備わっている対処能力と、危機をもたらす状況の重篤度の二つの要因の相互作用によることが想定されており、またその状況が精神的な発達成長に寄与する、いわゆる乗り越えられる試練となるか、あるいは逆に状況が精神的な成長発達を阻害し、不適応を招く障害となるかが左右される。

　以上のことを前提に、学生の心理的危機状況となり得る事態を考えると、その状況に陥る要因が、学生を取り巻く環境と、学生自身の内的課題との、どちらの比重が大きいものか、という基準である程度分類することができそうである。ここでは、学生の心理的危機状況となり得る事態を、環境的影響と個人の内的影響の相互性をもったものとして整理し、より環境因の強いものから、より内的な要因の強いものへ、「事件・事故・災害などの不測事態」「学生生活上のイベント」「学生本人の心身の問題」とカテゴリー化した（図3-3）。「事件・事故・災害などの不測事態」には、主に倉本（2012）による分類の「③避けがたい出来事に見舞われて陥る心理的危機」や、大泉（2006）の挙げている内容の大部分が含まれる。「学生生活上のイベント」は倉本の分類でいう「①環境の中で出合う外的ストレスによって陥る心理的危機」「②学生生活のサイクルに沿った心理的危機」に、「学生本人の心身の問題」は「⑤生育歴・問題歴の中で至る心理的危機」にそれぞれ相当する。これらは連続性をもったものであり、境界が厳密に区分できるものではないが、学生にとっての心理的危機とその支援を考える上での補助線になると考えられる。以下にこれらの各カテゴリーに当てはまる具体的なことがらについて述べたい。

表 3-2　大学での事件・事故・災害などの不測事態

生じる場面	具体的な事象
大学を含む地域	大地震，大津波，台風，大事故，火災，テロ，無差別殺人，伝染病の集団感染，集団食中毒，脅迫
正課授業中	実験中の事故（爆発，有毒ガス発生，毒物混入），体育の授業中の事故，実習中の事故，侵入者による傷害事件
正課授業外	事故，自死，暴行，強盗

2.　学生が体験する心理的危機状況とその反応

1）事件・事故・災害などの不測事態

　このカテゴリーには，表 3-2 に示されるような学内外で生じるさまざまな不測事態が含まれる。

　まずは，大学が包含される地域そのものまで巻き込まれるような事件・事故・災害が挙げられる。具体的な事象として，大規模自然災害，人為災害，疫病の集団発生などが該当する。これらの事象は，実際に被災したあるいは被害に遭った学生にとっては甚大な負荷がかかった体験である。またその体験によって日常生活が破壊されることも大きな負荷となる。

　次に，大学内あるいは正課授業で生じる事件・事故が挙げられる。実験中の事故や毒物混入，体育の授業中の事故などがこれに該当する。さらに正課授業外の事件・事故が挙げられる。授業の空き時間や休憩時間などに行われる，部活動やサークル活動，ボランティア活動，登下校中などで遭遇する事件・事故がこれにあたる。

　また学内構成員が事件や事故に被害者として巻き込まれることや，自死を図ること，それによって亡くなることも，学生にとっては強い負荷がかかる。この場合，学生自身が被害に遭わなくても，その場面を目撃したり，後から事実を知らされたりすることでも心理的危機状況を呼びおこす引き金になり得る。これは学内構成員が加害者となる事件や事故も同様のことがいえる。研究不正やハラスメントは代表的なものといえよう。

　家族や近親者の逝去，実家の経済的破綻，一家離散等も，学生にとっては修学の継続を困難にする要因となりうる。

第 3 章　学生相談に見られる心理的危機　　*51*

エヴァリーら（Everly et al, 1999）によると，一般的には個人の通常の耐性をはるかに超えた緊急事態に際して，人は認知・身体・感情・行動面にわたりストレス反応（Critical Incident Stress）を示す。不測事態に置かれた時は，誰しもこのようなストレス反応を呈する。もちろん学生も例外ではない。窪田（2005）はこのストレス反応について具体的なあり方を示している（表3-3）。

2）学生生活上のイベント

このカテゴリーには，学生生活を送る中で経験する行事や出来事がストレッサーとして作用し，立ち現れてくる問題が含まれる。主なものとしては履修や進級をめぐる修学上の問題，一人暮らしや寮などでの生活の問題，学科や部活・サークル・アルバイト先での対人関係の問題，マルチ商法や浪費・借金などの経済的な問題が挙げられる。カルトへの勧誘，ストーキング，デートDV（ドメスティック・バイオレンス）といった友人や交際相手とのトラブルは，さまざまな形を取る。

心理的危機としての学生生活上のイベントを考える上でもう一つ大切なのは，学生生活のどの段階でこれらの問題が生じているか，という時間的な観点からの理解が必要だということである。人生にライフサイクルがあるように，学生生活にも時間の流れや学年の移行に沿って学生の直面する心理的課題がそれぞれの段階で存在する。鶴田（2001）はこのことに着目して「学生生活サイクル」の概念を提唱し，それぞれの時期に共通した心理的特徴や課題を明らかにした。学生生活サイクルでは，学生時代が「入学期（入学後1年間）」「中間期（2～3年次）」「卒業期（卒業前1年間）」「大学院学生期」に区分され，各期の特徴がまとめられている（表3-4）。

入学期には新しい環境への移行に伴うあらゆるイベントが危機となり得る。修学上の問題，生活の問題，対人関係の問題，経済的な問題が短期間に重なって押し寄せてくるといっても過言ではない。友人関係の構築失敗による孤立，受験の燃え尽きによる無気力や，不本意入学による進路変更の希望，"90分の講義形式についていけない" "大学の制度や慣習がわからない" ことによる欠席などが挙げられる。これらによって生じる問題として，"この

表 3-3　窪田（2005）による緊急事態のストレス反応

反応の出る面	反　応
認知	記憶の障害（覚えられない，すぐ忘れてしまう，いつのことだかわからなくなる） 集中力の障害（集中できない，すぐに気が散ってしまう） 思考能力の低下（物事を筋立てて考えることができない） 決断力の低下（簡単なことでも決断することができずに迷ってしまう，決定に時間がかかる） 判断力の低下（正しい判断ができなくなる） 問題解決能力の低下（計画的に物事に取り組み解決することができない）
身体	不安・恐怖に伴うもの（動悸，発汗，口渇，過呼吸，手指震戦） 睡眠障害（入眠困難，睡眠の浅さ，悪夢，早朝覚醒） 食欲不振，胃腸症状（吐気，嘔吐，下痢，腹痛） 筋緊張による痛み（肩こり，背面痛，腰痛，緊張性頭痛） 疲労感（身体のだるさや全般的な疲れ）
感情	ショック（何が何だかわからない，頭が真っ白） 無感動（何も感じない，現実感がない，映画の中の出来事のように感じる） 恐怖（怖くてたまらない） 不安（また同じようなことが起こるのではないかと思う） 悲しみ（大切な人やものを亡くしたことによる悲しみ） 怒り（自分の身近にこのようなことが起こったことへの怒り，このようなことを起こした，また防げなかった他者への怒り） 無力感（自分が何もできなかった／ないことへの無力感，何をしても無駄だという感じ） 自責感（自分のせいでこのような事態に陥ったのではないかという自責感） 不信感（人が信じられない，世の中が信じられないといった不信感）
行動	口数の変化（口数が減る，口数が増える） 活動レベルの変化（活動レベルが低下する，動きが悪くなる，過活動，休まずに動きすぎる，落ち着きなく動き回る） うっかりミスの増加（忘れ物をする，物を落としたり壊したりする，ものにぶつかる） 嗜好品の増加（アルコール，たばこなどが増加する，過食になる） ゆとりをなくす（少しのことでもかっとなる，小さな間違いを容認できない） 身だしなみの変化（入浴，着替え，整容など，身だしなみに気を配らずだらしなくなる） 依存行動の変化（一つ一つ他者に保証を求めたり判断をゆだねたりするなど過度に依存的になる，他者の援助や助言を拒否し独断的に行動する）

表 3-4　学生生活サイクルの特徴（鶴田，2001）

	入学期	中間期	卒業期	大学院学生期
来談学生が語った主題	• 移行に伴う問題 • 入学以前から抱えてきた問題	• 無気力，スランプ • 生きがい • 対人関係をめぐる問題	• 卒業を前に未解決な問題に取り組む • 卒業前の混乱	• 研究生活への違和感 • 能力への疑問 • 研究室での対人関係 • 指導教員との関係
学生の課題	• 学生生活への移行 • 今までの生活からの分離 • 新しい生活の開始	• 学生生活の展開 • 自分らしさの探求 • 中だるみ • 現実生活と内面の統合	• 学生生活の終了 • 社会生活への移行 • 青年期後期の節目 • 現実生活の課題を通して内面を整理	• 研究者・技術者としての自己形成
心理学的特徴	• 自由の中での自己決定 • 学生の側からの学生生活へのオリエンテーション • 高揚と落ち込み	• あいまいさの中での深まり • 親密な横関係	• もうひとつの卒業論文 • 将来への準備	• 職業人への移行 • 自信と不安

大学を選んだのは取り返しのつかない失敗だったのではないか" という不安や焦燥感，抑うつ気分等の精神的な不調，倦怠感や疲労感，頭痛・頭重感，腹痛や下痢等の自律神経の乱れによる身体的不調などが挙げられる。これらが要因となって自宅や下宿先の自室にひきこもるなどの退却が生じ，場合によっては不登校に移行して，単位不足などの履修の問題を招くことにも繋がる。

　中間期は変化が少なく安定している時期で，学生生活を謳歌しつつ自分らしさを探求することが課題となる時期である。そのため，危機的状況も内的要因に関したことがらが多い。進路変更の希望，将来の進路に関して，なりたいものになれるかという焦り，あるいはなりたいものがなく先が見えない不安，本業である学業への無関心，就職か進学かという迷い等，アイデンティティ確立とその失敗による拡散が主題となる。これらについては次項で詳しく述べる。この時期の問題の現れ方は，入学期の時によく見られる身体的不調が前景に立つよりも，朝起きられず遅刻や欠席が嵩んで単位を落とす等の行動面の問題として現れやすい。そして話をきいていくと，学業に対する無

気力や，人付き合いの煩わしさ，虚無感などを抱えていることがわかるという場合が多い。内的課題に向き合う力のある学生は自ら周囲に助けを求めることができるが，自我の未成熟な学生は誰とも繋がることができず，問題を抱えていることを見過ごされやすい時期でもある。

　卒業期は学生生活から社会生活へ移行する準備期間である。鶴田（1994）がこの時期の心理的課題への取り組みについて「もうひとつの卒業論文」と表現したように，これまで取り組むことができなかった自分自身の内面の課題に向き合うことが中心となる。上田（2014）は，卒業論文を執筆するプロセスに，心理的課題性（論文作成が本人の心理的な悩みや精神的葛藤の解決を意味）・表現的課題性（表現欲求を満たし，表現能力に自信をつける素材としての意味）・作業的課題性（あきらめずに，または要領よく物事を遂行する力をつける訓練としての意味）が内包されるとして，課題を遂行することが心理的発達に寄与することを指摘している。この“やらなければならないこと”ができない時に，研究室やゼミに来ない，指導教員と連絡が取れないなどの形で躓きが発見されることが多い。また進路について考えて行く中で，学生本人と親との意見が異なるという事態に直面し，親子関係に緊張・葛藤が生じることがある。

　大学院学生期は，卒業期と同様に，学生が最終的に学生生活を終える時期であり，職業人としての自己を形成する時期である。研究生活が中心となるので，前期（修士）課程では，研究生活への順応や研究室での対人関係が，後期（博士）課程では研究の完成や進路が課題となる。固定された人間関係の中で，ハラスメントの問題が起きやすいのもこの時期である。学生と指導教員の関係は師弟関係である一方，研究者としては同じ立場に立つことにもなるので，潜在的に多重関係を形成する。そのため，指導教員側が自分自身の言動の影響力や暴力性に無自覚な状態を作りやすく，学生の苦痛や恐怖に気がつきにくい。

3）学生本人の心身の問題

　このカテゴリーには，学生自身がその生い立ちの中で抱えてきた家族の問題や自分自身の問題，あるいは身体および精神の疾患が影響しているものが

含まれる。家族間の葛藤的な関係，被虐待体験，小・中学校や高校で受けたいじめの体験や，アイデンティティの拡散・混乱，精神疾患，身体疾患，発達障害など，さまざまな形がある。心身の病や生得的な障害を有する場合は，その症状や特性により修学が困難になる場合がある。また家族間の葛藤や被虐待体験，いじめなどの経験は，対人関係に影響を及ぼすことが多い。特に深刻な被虐待体験は他者への信頼感の形成を妨げていることも多く，教員や他の学生の何気なく発した言動で傷ついてしまい，大学コミュニティに参与することが難しくなってしまう，といった形を取ることが多い。

　以上のように，学生に心理的危機をもたらす可能性をはらんだ行事や出来事は，学生生活を送る中で遭遇する可能性が決して稀なものではない。また上述したことがらがいくつも重なっている場合も多い。たとえば，"友人が作れず孤立していたため，授業がわからなくても聞く人がおらず，ついていけなくなり，一人暮らしのアパートにひきこもって授業料や生活費まで課金につぎ込んでオンラインゲームに熱中し，結果的に単位不足となって進級できなかったが，学費や生活費の使い込みが後ろめたくて親にも相談できなかった"といったように，一つの問題が放置され，こじれて別の問題に波及していったということもよく見られる。ここで大切なのは，学生の心理的危機状況を支援する立場の者は，丁寧に話をきいて問題の整理を手伝い，学生自身が問題に対峙して行けるように見守り，必要な時は手を差し伸べていく役目があることである。次節では，学生の心理危機状況に対する支援の実際について述べたい。

Ⅱ　支援の実際

1．学生支援の理念

　齋藤（2011）は，第二次大戦後の本邦の大学教育にアメリカ合衆国からSPS（Student Personnel Service：厚生補導）の概念が導入された当初，「正課の内外を問わず，学生を支え，育てていくことは教育機関としての本質的使命」「その役割はすべての教職員が関与して展開されるべきもの」「カウン

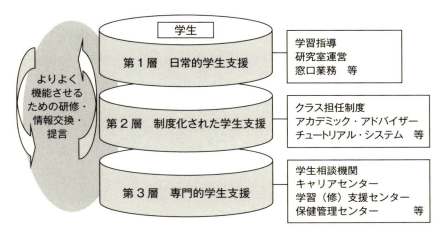

図 3-4　学生支援の 3 階層モデル（独立行政法人日本学生支援機構，2007）

セラーなどの専門家はより困難な事態への対応を受け持つとともに，いっそうの充実に向けて研究活動の責務を担う」「研究・教育・行政の実践的総合として新しい領域の確立が求められる」といった方針が明示されていたことを指摘している。現実にはこうした理念が体現されるのに紆余曲折があったが，2000 年にまとめられた当時の文部省による報告書「大学における学生生活の充実方策について」（廣中レポート）において，大学のあり方を，教員の研究活動から多様な学生へのきめ細かな教育・指導に重点を移す，いわゆる"教員中心の大学から学生中心の大学へ"の方針転換を今後目指すべき方向性として明示し，学生相談・就職指導・修学指導・学生の自主的活動および学生関係施設にて教員だけでなく事務職員やカウンセラーなどの行う正課外教育の意義を再評価した。これによって，学生支援は一部の特殊な教職員が行うものではなく，大学全体で行うものだという意識変革が生じ，大学の学生支援体制の基盤整備が急がれた。

　これを受けて，独立行政法人日本学生支援機構（2007）は，学生支援体制の基盤としての学生相談体制の充実について調査研究を行い，さまざまな課題やニーズを抱えた学生を大学全体で支えていくための諸活動を三つの階層で捉え，これを図 3-4 に示す「学生支援の 3 階層モデル」とした。第 1 層は，

学生が日常生活を送る中で教職員らが自然な形で学生の成長を支える「日常的学生支援」，第2層は，学生を支援する役割や立場の教職員が行う「制度化された学生支援」，第3層は，困難な課題が生じた場合に専門的な立場から行われる「専門的学生支援」となっている。

　心理的危機状況には，第3層の「専門的学生支援」に該当する機関や部署が判断・行動することになると考えられるが，その後に日常性の回復を目指す際は，「日常的学生支援」や「制度化された学生支援」に相当する層が多く関わっていくことになる。学生相談は第3層の「専門的学生支援」に相当するが，次項では，実際の現場で学生相談の担う支援のあり方について述べる。

2. 学生相談での支援の実際

1）アセスメント

　心理的な危機状況にある学生と向かい合った際，学生相談では，「①学生が今どのような状態にあって」「②どのようにそれが出現しているのかを整理し」「③危機状況を脱するためには何が必要なのか」を考える，というアセスメントをまず行う。

①については，緊急性が高いほど，病態水準の正確な判断が必要となる。たとえば，自殺を仄めかす学生が「死ねという声に命令される」と訴える場合と「もう生きている希望が持てなくなった」と訴える場合では，精神機能の健康度は異なると考えるだろう。前者の場合はまず症状の改善を目指すべく医療的対処を考えるし，後者の場合は衝動的な行動化を防ぐべく保護者や学内外関係者に協力を仰ぎながら，本人がそう思わざるを得なかった過程や心情を理解し寄り添うよう努めるであろう。

②は，いま学生が示している状態像が，どのような経緯や事情で生じているか把握する，ということである。ストレス反応，学生生活サイクル，発達段階，家族関係，友人関係，精神病理，等々と，内的要因から外的要因まであらゆる視点から読み解く必要がある。

③については，学内，学外それぞれ支援の資源はどんなものが存在するか，ということを整理する。第2層の「制度化された学生支援」に該当するクラス担任等の教職員はもちろんだが，学生が日頃から接して情緒的に

繋がりを感じている教職員も，安心できる大切な対象である。家族については，実際に学生を支えられる状況にあるかを把握しておかねばならない。場合によっては親よりも祖父母やきょうだいの方が実質的な支援者となることもある。また医療や福祉などの外部支援機関は，これまで本人が利用していたところと，新たに利用できるところ両方の情報を得ておく必要がある。

アセスメントの結果を，しかるべき形で学生本人や支援者にフィードバックすることも丁寧に検討することが必要である。何らかの問題が生じたとき，自らがどうなってしまっているのかわからずに混乱している学生は非常に強い不安を抱える。支援者も，学生が何ゆえ今の状態に陥っているのか，理解ができれば支援がしやすくなる。西村（2003）は，医師の診断が，医師と患者およびその周りの人との関係を結ぶ絆となって，結果的に患者やその周りの人に役立つことを示し，心理臨床においてもクライエントもその支援者も安心させるアセスメントの必要性を述べている。

2）心理面接

学生相談における心理面接と心理療法との異同について，大きくいえば，治療機関ではない場で行われること，期間が在学期間に限定していること，さしあたっては学生生活への適応が目標とされることが挙げられる。鶴田（2002）は，学生相談のコツとして「学生の 10 年後の姿に語りかける」「直前を照らすライトだけでなく，遠くを照らすライトを持つ」ことなどがあると述べている。来談学生を精神的健康度の視点だけから見ると，精神的健康度の低さや病理に目が向くことが多いが，学生生活サイクルの視点は，学生生活を継時的にみる視点であり，この視点から学生を見ると，精神的健康度の高い学生も多くの心理的課題を抱えていること，および精神的健康度の低い学生でも多くの心理的課題を乗り越える力をもっていることなど，学生を多面的にとらえることができる。そして，たとえば精神的な症状をもつ学生に対しても，その病理に注目するだけでなく，そのようなハンディキャップを持ちながら，どのような学生生活サイクルを送るかに注目することができる。

3）心理教育

　一般的に心理教育は，何らかの疾患や障害を有する当事者に対して，その疾患や障害についての知識を伝え，再発を予防することを目的として行われる。学生相談においても，心理教育の目的は予防や再発防止であるが，対象は不適応に陥った学生本人とその支援者に留まらず，大学全体に向けたものも含まれる。特に不測の事件や事故などの緊急事態が生じた後，生じる反応を具体的に示しながら，それらは異常な事態に対する正常かつ一般的な反応であることを当事者あるいは周囲の人達に情報を提供する。またそれらの反応の多くは時間の経過とともに収束していくこと，無理をしない程度に信頼できる人に話を聞いてもらうこと，自分なりのストレス対処法を見出すこと，睡眠や食事など規則正しい生活を心がけること等，具体的なストレス反応への対処法や考え方を心理教育することになる。また学生生活上のイベントや心身の問題については，予防教育的に授業の一環として取り組んでいる大学も存在する。

4）体制の整備

　学生相談の役割は，個別対応だけではなく，学生支援のマネジメントも含まれる。加藤ら（2009）は，大規模国立大学において，学内教職員すべてを，専門性を持つ潜在的支援力とみなし，これらを結集してきめ細やかな支援の網を構築する試みを示している。支援の網を張り巡らせるという発想は，一教職員・一部署という「点」では対応に限界があっても，学科部署の連携という「面」で対応することによって，必要に応じた支援を適時に行えることを可能にするという発想といえよう。早川・森（2011）は，学内外の社会資源と連携を図り，それらを調整しながら多職種チームを形成して学生を全学的に支援していく活動を「何でも相談窓口」型学生支援体制活動と定義し，支援対象となる学生の面接担当をしている学生相談室の常勤カウンセラーが支援の調整役を担って連携調整の要となることで，学内外の社会資源が有効に活用されることを示している。この支援体制は調整役割を一局化できるので，支援を受ける学生にとっては，いわゆる窓口一元化がなされて負担が少ない。逆に，窓口を一本化しないネットワーク型学生支援体制（渡邉・他，

2011) では，支援者同士が緊密な情報共有によって支援のネットワークを形成し，学生が日常生活を送る中で，自然な形で支援者と接触ができるように寄り添う形をとる。

このように，支援体制もさまざまな形が報告されているが，各大学の特色や現状の問題に合わせて各大学で支援体制を構築していくことが必要不可欠であるといえる。

おわりに

桐山（2015）は，学生が青年期の発達段階に達しておらず，成育の早期にまで遡って検討しなければいけない事態が増えていることを指摘し，なすべき課題が山積の青年期において"思春期延長"が起こり，青年期課題が青年期の間に解決できないでいること，それゆえこの難題への注目と対応が急務であることを指摘している。

笠原（1977）は精神科臨床の見地から，青年期と成人期の間，大学を卒業してから成人として社会に出立するまでの期間に「プレ成人期」をもう一段階設ける必要性を提起している。40年余り前の指摘だが，今日に至って，その必要性は減じるどころかますます重みをもってきているのではないだろうか。

少子化の中で大学進学率が上がってきている現状の中，今後はさまざまな出来事に揺さぶられてこわれそうな心を抱えた青年期にある人たちの大半が大学に来ることになる。学生相談という領域でできうることについて，これまでの知見を活かしながら，次の世代に向けての模索が続くことになるであろう。学生を守り育て，やがて本人が語り出せる場として機能することが，学生相談の普遍的な役割であると考えられる。

文　献

太宰治（1948）人間失格．（1989）太宰治全集 9. 筑摩書房．
独立行政法人日本学生支援機構（2007）大学における学生相談体制の充実方策について―「総合的な学生支援」と「専門的な学生支援」の「連携・協働」．
Erikson EH（1959）Identity and the life cycle. Psychological Issues1（1），Monograph1.

New York : International Universities Press, Inc.（小此木啓吾訳編（1973）自我同一性
―アイデンティティとライフサイクル．誠信書房）

Everly GS Jr. & Mitchell JT（1999）Critical Incident Stress Management : A new era
and standard of care in crisis intervention, second edition. Ellicott City, MD : Chevron.
（飛鳥井望監訳（2004）惨事ストレスケア―緊急事態ストレス管理の技法．金剛出版）

早川由美・森やよい（2011）「何でも相談窓口」型学生支援活動の在り方．学生相談研究，
32（1）; 48-59.

笠原嘉（1977）青年期．中央公論新社．

加藤大樹・桂田祐介・由良麻衣子・髙木ひとみ（2009）名古屋大学における学生支援メッ
シュプロジェクトにおける効果―学内の潜在的支援力を活用したグループの特性からの
検討．名古屋大学学生相談総合センター紀要，9 ; 19-23.

桐山雅子（2015）若者の育ちにみる「思春期延長」―聞くことで人を育てる．（窪内節子監修）
学生の主体性を育む学生相談から切り拓く大学教育実践．学苑社，pp.27-42.

窪田由紀（2005）学校コミュニティの危機．（福岡臨床心理士会編）学校コミュニティの
危機への緊急支援の手引き．金剛出版，pp.22-44.

倉本祥子（2012）学生の心理的危機の諸相と対応について．京都女子大学学生相談室紀要，
37 ; 12-30.

文部科学省（2017）平成29年度学校基本調査（確定値）の公表について（報道発表）．
（http:// www.mext.go.jp/component/b_menu/other/__icsFiles/afieldfile/2018/02/05/
1388639_1.pdf）[2018年10月7日取得]

文部省高等教育局（2000）大学における学生生活の充実方策について―教員中心の大学か
ら学生中心の大学へ．

西村洲衞男（2003）心理臨床を支える心理査定―心理臨床のアイデンティティを求めて．
臨床心理学，3（4）; 454-461.

大泉光一（2006）危機管理学総論―理論から実践的対応へ．ミネルヴァ書房．

齋藤憲司（2011）学生相談を通じた総合的な学生支援体制の構築―実践と理念の循環から．
大学と学生，90 ; 6-12.

鶴田和美（1994）大学生の個別相談事例から見た卒業期の意味―比較的健康な自発来談学
生についての検討．心理臨床学研究，12（2）; 97-108.

鶴田和美（2001）学生生活サイクルとは．（鶴田和美編）学生のための心理相談―大学カ
ウンセラーからのメッセージ．培風館，pp.2-11.

鶴田和美（2002）大学生とアイデンティティ形成の問題．臨床心理学，2（6）; 725-730.

上田琢哉（2014）卒業論文作成が学生の心理的発達に果たす役割―学生相談事例によるモ
デル化の試み．愛知教育大学研究報告（教育科学編），63 ; 145-153.

内野悌司・磯部典子・栗田智未，他（2008）大学生に関わりのある事件・事故についての
調査研究．第38回中国・四国大学保健管理研究集会報告書，102-104.

内野悌司・磯部典子・品川由佳，他（2010）大学キャンパスにおける事件・事故等への危
機対応システムに関する臨床心理学的研究．科学研究費報告書．

渡邉素子・加藤久子・橋本容子，他（2011）ネットワーク型学生支援体制における学生相
談室の役割について―中規模私立大学の学生支援体制における学生相談室の実践活動よ
り．学生相談研究，32（2）; 154-163.

第 4 章

犯罪被害者の心理的危機
——自らの被害体験に向き合う——

●

坪井裕子

はじめに

　犯罪被害にあうということはどのようなことだろうか。毎日を普通に生活している人々にとって，どこか遠い世界のことのように思われているかもしれない。犯罪はある日突然,「人によって」傷つけられたり,財産を奪われたり,命を奪われたりするものであるが,実は身近に起きる可能性もあるのである。たとえば，1997 年に当時 14 歳の少年により二人が亡くなった「神戸連続児童殺傷事件」や，小学校に侵入した男が児童らを襲い，当時 1，2 年生だった 8 人が死亡，15 人が重軽傷を負った「池田小学校事件」（2001 年），近年では神奈川県の施設で元職員の男が 46 人を次々に襲い,入所者 19 人が死亡,職員を含む 27 人が重軽傷を負った「やまゆり園事件」（2016 年），自殺願望をほのめかし SNS を用いて人を誘い出し,9 人を死亡させた「座間事件」（2017 年）など，世間を震撼させる事件が各地で発生しているのである。

　1995 年，阪神・淡路大震災や地下鉄サリン事件など大きな災害や事件があった年に，奇しくもスクールカウンセラー（以下，SC と記す）がわが国で導入された。その後も 2011 年の東日本大震災，2016 年の熊本地震といった自然災害が相次いでおり，大きな災害が起きたときの「こころのケア」に関しては，社会の認識が進んできているといえる。また，学校でいじめや自

63

殺などの問題が起きた際には，緊急支援として，SC の活用なども一般的になってきているといえる。一方で，犯罪被害を受けた人々へのこころのケアについては，実際あまり知られていないのではないだろうか。

　2005 年に犯罪被害者等基本法（以下，基本法とする）が施行されたことにより，それまであまり顧みられることのなかった「犯罪被害者等」への支援が，各分野で行われることになった。犯罪被害者の精神的健康の回復が，法によって国の責務として掲げられたのである。しかし法律はできたものの，まだまだ支援が不十分な面も多い。そこで，本章では，犯罪被害にあった場合，私たちの心や身体にどのような影響があるのかについて概観し，いくつかの調査や研究を紹介する。あわせて，犯罪被害当事者の方々の活動についても紹介し，犯罪被害者の心理的危機について，さまざまな視点から考えるとともに，被害からの回復支援の際の留意点についても述べる。なお，ここでいう被害者とは，犯罪被害にあった当事者，および殺人事件などの場合には被害者遺族を含むものとする。

I　犯罪被害とは

1. 犯罪の実態

　犯罪被害を知るために，まずは犯罪の発生状況を把握することが必要である。平成 29 年度版犯罪白書（法務総合研究所，2017）によると，刑法犯の認知件数は 99 万 6,120 件で，平成 14 年（戦後最多）をピークに 14 年連続で減少している。平成 28 年（前年比 9.4％減）は戦後初めて 100 万件を下回った（平成 14 年の約 3 分の 1）という。平成 28 年における「人が被害者となった刑法犯」の認知件数では，20 代の被害者の件数（総数の 20.8％）が最も多い。総数に占める高齢者の割合は 13.9％であるものの，罪名別では詐欺の割合が高い（44.1％）。また，女性被害者の割合が最も高いのは，65 歳以上であり，特に，性犯罪被害以外では，詐欺の高齢被害者に占める女性被害者の比率（70.7％）が最も高いとされている。

　警察などの公的機関に認知されている犯罪件数だけでなく，一般国民を対

64　　第 1 部　個人の危機とこころ

象としたアンケート調査等による犯罪件数（暗数）調査がある。平成24年に行われた第4回暗数調査（2013）では2,156人（回答率53.9%）からの回答が得られた。全犯罪被害（調査対象とした世帯犯罪被害又は個人犯罪被害に該当する犯罪被害をいう）のいずれかにあった者の比率は，過去5年間では全回答者の34.4%であり，平成23年1年間では11.9%であった。世帯犯罪被害の中では，自転車盗の被害率が最も高く，自動車損壊が次に高い。また，振り込め詐欺については，振り込め詐欺と思われる電話，メール，通知等を受けたことがあるかについても調査されている。それによると，過去5年間にこうした電話等を受けた者は20.1%に上っている。被害者が捜査機関に届け出なかった被害は，多くの場合，暗数となる。ほとんどの被害態様について，「届出なし」の回答が約2割から7割に及んでおり，各被害態様に一定割合の無回答等があることを踏まえても，暗数が相当数あることがうかがわれる。「暴行・脅迫」の被害では，被害を届け出なかった人（21人）の主な理由は，「仕返しの恐れからあえて届け出ない」，「捜査機関は何もしてくれない」（各8人），「捜査機関は何もできない（証拠がない）」（7人），「自分で解決した（犯人を知っていた）」（6人）だった。「性的事件」の被害では，被害を届け出なかった人（20人）の主な理由は，「捜査機関は何もできない（証拠がない）」，「自分で解決した（犯人を知っていた）」（各6人），「仕返しの恐れからあえて届け出ない」，「それほど重大でない（損失がない，たいしたことではない）」（各4人）だった。

　犯罪に対する不安の調査では，平成20年の調査と比べ，「暗くなった後，あなたの住んでいる地域を一人で歩いているとき，どの程度安全であると感じますか」との問いに対して，「とても安全」とする者の比率は2.2ポイント低下し，「やや危ない」とする者の比率が2.4ポイント上昇している。「今後1年間のうちに，誰かがあなたの自宅に侵入する可能性について，どのように思われますか」との問いに対して，「あり得ない」とする者の比率が13.3ポイント低下し，「あり得る」とする者の比率が14.0ポイント上昇している。このように，犯罪に巻き込まれる危険性を感じる人が増えていることも示されている。

　平成29年度犯罪被害類型別調査（2018）は，第3次犯罪被害者等基本計

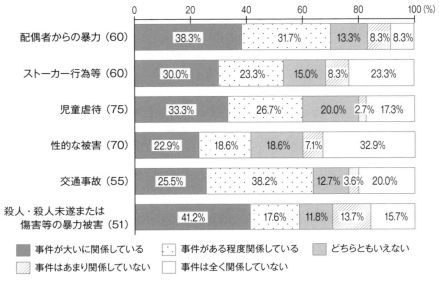

図 4-1　犯罪被害類型別，精神的な問題と事件との関連（警察庁 HP より引用）

画に基づき，被害類型別，加害者との関係別に，犯罪被害者等 917 名，一般対象者 779 名，計 1,696 名を対象に調査したものである。ここでは，配偶者からの暴力（DV），ストーカー行為等，児童虐待，性的被害，交通事故，殺人・殺人未遂又は傷害等（死亡又は全治 1 週間以上）の暴力犯罪の被害について調査している。それによると，犯罪被害者等は，一般対象者よりも休学・休職，長期入院，別居・離婚，家族間不和等，生活や対人関係のネガティブな変化が多くなっていること，過去 30 日間に精神的な問題や悩みを感じたとの回答比率および重症精神障害相当の状態に達している比率，日常生活に支障をきたした日数等が高く，一般対象者よりも高い割合で精神的な問題や悩みを抱えていることが明らかになっている。犯罪被害類型別にみた精神的な問題と事件との関連について図 4-1 に示す。重症精神障害相当の犯罪被害者等を類型別にみると，児童虐待，殺人・傷害，DV 等で多くなっている。支援を受けた，または制度を利用した機関・団体としては，「警察」（12.2％）が最も多く，次いで「法テラス」（5.6％），「地方自治体」（5.5％）となっている。

被害の時期が過去10年以内の犯罪被害者等では，それ以前と比較して「いずれの機関・団体の支援を受けていない，制度も使っていない」との回答比率が17.3ポイント低く，10年以上前の被害者に比べて，支援・制度の利用が進んでいるといえる。被害直後および現在必要な手助け・支援としては，双方とも「どのような支援・配慮が必要かわからなかった」との回答比率（それぞれ37.3％，36.9％）が最も高いが，具体的ニーズとして，被害直後は「事件・被害に関する話を聞いてもらう」（30.9％）が高かった。事件後早期から，被害者の話を聴き，被害者に寄り添う支援が必要だといえるだろう。

2. 犯罪被害者の心理

1）さまざまな被害

犯罪の被害にあうということは，たとえどのような犯罪であっても，予期しない出来事は私たちのこころや身体にダメージを及ぼす。ましてや，命にかかわるような重大な犯罪であればなおさらである。事件は人為的に起こされるものであるがゆえに，他者への信頼が揺らぎ，人間不信に陥ることもある。

中島（2008）は，その影響を大きく二つに分けて述べている。一つは被害による直接的な障害であり，もう一つは被害により新たに生じる負担である。被害による直接的な障害とは，犯罪によって受けた身体的負傷や精神的衝撃，財産の被害などのことである。また，新たに生じる負担とは，身体的負傷や精神的疾患による休職や休学，収入の減少，医療や裁判関係の費用の出費などによる経済的負担や，生活上の困難などである。

犯罪被害者は，事件などによって被害者になった直後から多くの負担を強いられる。事件後の諸手続き，事情聴取や，医療機関への通院，マスコミや保険会社への対応など，精神的ショックが大きい中でも，現実的には動かざるを得ないことがたくさんある。事件の捜査段階では警察との関わりが必然であるし，裁判が始まれば司法関係者とのやりとりも増えてくる。その過程で，さまざまな二次被害を受けてしまうこともある。

二次被害の例として，警察からの事情聴取で容疑者扱いされることや，事件に関して警察や検察で何度も同じことを聞かれたりすること，それによっ

て精神的苦痛を何度も受けてしまうことなどが挙げられる。事件報道のために，マスコミによる昼夜を問わぬ集中的な取材攻勢（メディアスクラム）も二次被害になりうる。また，裁判が始まると，慣れない司法用語にも関わらなくてはならなくなり，心身の負担が非常に大きくなる。関係機関だけでなく，時に友人や周囲の人々からのちょっとした言葉に傷ついてしまうこともある。SNSやネットの広がりにより情報が一人歩きすることもあり，時に神経を逆なでされるような言動を受けることも含まれる。最近は，警察やマスコミも被害者の人権に配慮するようになってきているものの，それでも事件によってプライバシーが世間に曝された結果，住居や職場を変えざるを得ない状況になってしまった例もある。このように，二次被害はさまざまに起こりうるものである。しかし，二次被害防止への配慮はまだ十分といえない実態がある。支援に当たる際には，この点を心にしっかり留めておくべきであろう。

2）精神的・心理的影響

　犯罪被害による精神的な影響の一つとして，心的外傷の問題（PTSD：外傷後ストレス障害）が挙げられる。DSM-5（2014）によると，PTSDの診断基準では，侵入症状（フラッシュバックや悪夢など）や，事件にかかわりのある物事の回避，認知や気分の陰性変化等が挙げられている。「犯罪被害実態調査」（2003）によると，PTSDの得点が最も高かったのは，犯罪被害者遺族であり，ついで性犯罪被害者，身体犯被害者，財産犯被害者の順であった。男女別では，男性に比べ女性のPTSD得点が高い傾向が示されている。事件直後に孤立感があった場合には，PTSD得点が高くなり，特に犯罪被害者遺族，性犯罪被害者にその傾向が顕著であったとしている。また，事情聴取で事件のことを思い出して苦しくなったと答えたケースではPTSD得点が高いが，被害者への配慮があった場合は得点が低くなる傾向も示されている。

　緒方ら（2010）は，事故および犯罪被害者遺族を対象として，外傷後ストレス症状の因子構造を明らかにしている。それによると，女性の方がPTSD症状を多く示すこと，死別時の年齢や死別後の期間は因子構造に関連がない

ことなどが明らかになっている。また、遺族においては、急性ストレス障害（ASD）とPTSDの因子構造の連続性が認められたとしている。

白井ら（2010）は犯罪被害者遺族の複雑性悲嘆とPTSDに関連する要因についての研究を行っている。遺族151人を対象とした調査の結果、複雑性悲嘆とPTSD両方に関連する要因として、「女性であること」が挙げられている。PTSDに関連する要因としては、「事件の衝撃の大きさ」と「子どもの死」が挙げられている。複雑性悲嘆に関連する要因としては、「死別後の二次被害を体験した頻度」の多さが挙げられている。遺族の場合、直接的な事件への暴露は低くても、主観的な恐怖や戦慄、無力感が6割以上あること、調査時点で事件後の経過が平均7.4年であったことから、PTSD症状が長期間続くことなどを明らかにしている。これらの結果から、特に遺族が女性の場合、親の立場である場合、事件の衝撃が大きい場合には長期的なケアがより一層、必要であるといえる。さらに、複雑性悲嘆やPTSDを防ぐためには二次被害を与えない対応が重要であることが示唆されている。

次に被害者に特徴的ないくつかの心理状態について述べる。たとえば、犯罪被害者の周囲の方が、慰めのつもりで、「早く忘れたほうが良い」などと声をかけることが、かえって事件のことを忘れられない被害者を苦しめることにもなる。周囲の人に心配してもらうことさえも苦痛に感じられてしまう場合や、自分の苦しみは誰にもわかってもらえないと孤独感や孤立無援感に襲われてしまうこともある。

大山（1996）は、性犯罪（特に強姦）の被害者は、他の犯罪被害と比べて自責感が修正されにくいと述べている。この背景には、被害者にも被害を招く要因があるのではないかという社会通念が影響している可能性を示唆している。「露出の多い服装をしていたから」「抵抗すれば逃げることができたはず」などというような、「レイプ神話」といわれる被害者非難の考え方である。被害者自身も、自分が被害を招いたのかと悩み、自責感に苛まれてしまうのではないかと考えられる。社会全体の誤った通念を変えていく必要があるといえる。

被害にあうことによって、多くの場合、被害者は身体的にも精神的にも大切なものを失ってしまう。なにより「安心で安全な生活」が失われる。これ

第4章　犯罪被害者の心理的危機　　*69*

らの「喪失」は，大きな悲嘆をもたらす。ところが被害者は，悲しむことすらままならない状況に置かれることもある。PTSD の症状ともいえる感情の麻痺などによって，泣くこと自体ができない場合もある。また，悲嘆にくれて何もできないでいると生活が成り立たなくなると考え，気を張って生きている場合もある。逆に悲しみに沈みこんで，何もできなくなってしまう場合もある。このような悲嘆は，「外傷性悲嘆（traumatic grief）」（Jacobs et al, 2000），あるいは「複雑性悲嘆（complicated grief）」（Horowitz et al, 1997 など）と呼ばれている。このような悲嘆が慢性化・長期化することは，精神的に苦痛をもたらすだけでなく，その影響が身体症状として現れたり，日常生活に支障をきたしたりすることもある。PTSD の問題だけでなく，喪失や悲嘆の問題にもケアや治療的介入が必要であると考えられる。

　犯罪被害者の中には体験を共有するための当事者グループを形成したり，講演などで体験を語ったりするなどの社会的な活動をしている方もいる。そのような活動をしている被害者の心理状態についての研究を紹介する。太田ら（2018）は，社会的な活動を行っている犯罪被害者遺族 14 名に半構造化面接および質問紙調査を行い，犯罪被害者のレジリエンスを検討している。その結果，①他者への不信感と信頼感の間で揺れ動く段階，②意味を探求する段階，③故人と共に新たな人生を切り開く段階，という循環プロセスの 3 段階があることを明らかにしている。また，社会的活動を行っている遺族といえども，「トラウマの反応」や「喪失に伴うネガティブな感情」が存在する可能性を示唆している。

II　わが国における犯罪被害者支援

　わが国における被害者支援は，1974 年に起きた三菱重工ビル爆破事件がきっかけといわれている。1980 年に「犯罪被害者等給付金支給法」が制定され，日本における被害者への経済的援助が始まった。その後，1991 年に開催された「犯罪被害給付制度発足 10 周年記念シンポジウム」において，精神的援助の必要性が被害者自身によって強く指摘された。それを契機に，1992 年に，日本で初めて「犯罪被害者相談室」が東京医科歯科大学に設置

され，精神科医や心理カウンセラーによる電話・面接相談が開始された。1996年に警察庁に「被害者支援対策室」が設置され，その後，行政の協力を得た「被害者支援団体」が各地に設立され，1998年には「全国被害者支援ネットワーク」が組織された。1999年には各都道府県警における被害者支援要員指定制度が始まり，検察庁には被害者支援員が置かれるようになった。

　このような犯罪被害者支援の歴史については，西脇・坪井（2018）に詳しく述べられているので，以下に概要を抜粋して記載する。2000年に犯罪被害者保護2法（刑事訴訟法及び検察審査会法の一部を改正する法律，犯罪被害者等の保護を図るための刑事手続に付随する措置に関する法律（犯罪被害者等保護法）が制定された。具体的には，証人尋問の際のビデオリンクや衝立などを用いた遮蔽，専門職による証人への付き添い，心情意見等の陳述，傍聴への配慮，などいくつかの点が挙げられる。2004年にはいわゆる犯罪被害者等基本法が成立し2005年に施行された。基本法の理念として，①犯罪被害者等は個人の尊厳が尊重され，その尊厳に相応しい処遇を保障される権利を有すること，②被害の状況・原因，犯罪被害者等が置かれている状況等の事情に応じた適切な処置を講じること，③被害者等が再び平穏な生活を営めるまでの間，途切れなく支援を行うことを掲げている。この基本法をもとに，2016年4月には，第3次犯罪被害者等基本計画（2020年度末まで）が策定された。

　全国の地方検察庁には被害者支援員が配置され，被害者等からの相談の対応，法廷への案内や付き添い，記録の閲覧，証拠品の還付請求等各種手続の援助を行っている。また，被害者等に対して被害に遭った直後から適正・確実に援助を行うことができる民間団体が犯罪被害者等早期援助団体として都道府県公安委員会により指定されている（2017年4月1日時点で，公益社団法人被害者支援都民センター等の47団体）。被害者支援員は，被害者等の状況に応じて，これらの団体への紹介も行っている。

　犯罪被害者等給付金の制度についても，支給要件の緩和，支給対象期間の延長および親族間犯罪に係る支給制限の緩和，配偶者からの暴力の被害者に係る支給制限の見直し，児童虐待等と認められる親族間犯罪の場合における

特例規定の見直し等が実施されるなど，拡充がなされてきている。

近年の動きとして，明石市や名古屋市のように，独自の犯罪被害者支援の条例を制定している自治体も増えてきている。このように基本法ができたことで，国および地方自治体においても，犯罪被害者への支援が進んできていることは確かである。

Ⅲ　犯罪被害当事者との関わりから

ここでは，筆者がこれまで関わってきている犯罪被害当事者グループの実際について紹介する。

1. 犯罪被害当事者グループとは

筆者の関わっている犯罪被害当事者グループは，主に殺人事件遺族の自助グループとして，2000年9月に発足したものである。殺人事件によって家族を失ったご遺族が，毎月1回の集まり（定例会）の中で，それぞれの思いや体験を語る会が始まった。基本ルールとして，お互いの話は「話しっぱなし」「聞き捨て」とし，「被害の比べ合いをしない」「会以外で話題にしない（守秘）」等はあるものの，原則，会での発言は自由であり，泣いたり怒ったり笑ったり，心のままにして良い場とされている。発足当時のメンバーは基本法制定以前の事件の被害者遺族であり，事件直後の支援が十分にされなかった方も多い。そのため遺族同士の気持ちの分かち合いや情報交換が必要だったと考えられる。筆者は，当初，定例会の場面には入らず，「スタッフのサポート」という形で，グループメンバーのお子さんの対応をするという関わりを始めた。このようなグループ発足の経緯や初期の活動の詳細については，福元ら（2002）に詳しく述べられている。

当事者グループの活動内容は，多岐にわたっている。もともとは亡くなった方の追悼や，グリーフワーク等，発足のきっかけであった自助（ピアサポート）を中心としながらも，少しずつ社会的な活動が増えてきている。関係機関（弁護士会やマスコミ等）からゲストを招いて勉強会や意見交換会，メンバーの事件に関する裁判の応援傍聴のほか，年1回ほどは社会に向けた被害

者からの発信としてのイベントを企画・開催するなど，さまざまな活動をしている。さらに，「亡くなった人を忘れないでほしい」「事件を風化させたくない」という願いを込めて，被害者のパネル展示を各地で行うことも増えてきている。地域の自治体単位で犯罪被害者支援の条例が検討されているところでは，当事者の声として，条例についての要望を伝えるなど，活動内容も広範になっている。このように，活動は広がってきているが，基本は当事者同士のピアサポートであることに変わりはない。新たな犯罪被害者が参加されるときには，やはり原点であるシェアリング（グリーフワーク）が中心となっている。

2. 犯罪被害当事者から語られたこと

ここでは，当事者グループに参加されているメンバーの方々の心情を，グループの手記集（犯罪被害者自助グループ緒あしす，2006）からいくつか紹介する。なお，個人が特定されないよう事件の詳細は省略する。

事件を知った直後の状況について，「頭が真っ白になった」「身体が震え凍りついた」，等々と衝撃の大きさが記載されている。ある遺族は，事件の連絡を受けて駆けつけ，家族の亡きがらに触れようとしたところ，「司法解剖をするので触らないで下さい」といわれる経験をした。別の遺族は，事件の第一発見者となったがために，警察の事情聴取を長時間受け，容疑者扱いまでされたという。

またある遺族の手記には「あなたが亡くなってしばらくしてから，あなたの注文した来年のカレンダーが届きました」と記されている。もう使われることのないカレンダーは，遺影の横に飾られているとのことである。被害者は，次の年が来ることを何の疑いも持たず，カレンダーを注文していたのであろう。カレンダーを見る度に，残された遺族が悲しみに暮れる様子が記されている。突然の家族との別れを納得できないままに，現実の時間はどんどん流れ，被害者遺族の気持ちが置き去りになっていく様子が示されている。

事件で家族を亡くすという直接的な被害だけでなく，警察や弁護士，検事などの司法関係者，医療関係者の対応，マスコミの取材や報道のされ方など，二次被害といわれるものをうけたメンバーも少なくない。また家族内でも，

立場や故人との関係の違いによって，事件後の心情は異なっており，被害者遺族とひとくくりにできない難しさも感じられる。

犯人が捕まったからといって，遺族の心が晴れることはない。裁判が始まれば，事件当初に引き戻され，思い出したくないことも含めて，事件に向き合わざるを得なくなる。裁判では，いったい何があったのかを明らかにしてほしいのに，なかなか知りたいことが分からないまま結審することもある。少しでも刑を軽くするために，表面的な謝罪や，自分に都合の良いような発言を繰り返す加害者に，被害者遺族は，さらなる怒りや悲しみ，悔しさ等さまざまな感情をかき乱されることになる。裁判の進行によっては，証言台に立ったり，被害者参加制度を利用したりすることもある。さらに判決によっては，望んだような量刑が得られないこともある。被害者にとっては理不尽極まりない思いが繰り返されることも多い。被害者にとって裁判が終わったら終わりではないのである。

ましてや，未解決事件の被害者にしてみれば，家族が亡くなってしまったという事実はあるものの，悲しみや憤りなどの気持ちの持って行き場のない状態であろう。このように当事者グループでは，おかれている状況に応じて，深い悲しみ，憤り，怒り，さみしさ，苦しさ，むなしさ，辛さ等々，さまざまな感情が吐露される。いくら言葉を並べても，被害者のこころのうちを語り尽くすことは難しいであろう。

3. 臨床心理士として関わるということ

当事者グループの話の中では，たしかにトラウマ反応や PTSD の症状と考えられるものがあり，「喪失」に伴う「悲嘆」が示されることもある。しかし，当事者と同じ場にいると，そのような専門用語ではとうてい語り尽くせない思いに圧倒されることもある。そんな中で，臨床心理士として被害者の方々と関わるということについて考えてみたい。

このグループには，筆者を含め複数の臨床心理士と，臨床心理系の大学院生がサポートスタッフとして関わっている。メンバーの方々が安心して話せる環境を確保できるようにすることが第一の役割である。会場のセッティングや，お茶やお菓子の準備，書記をするなどの現実的・事務的なサポートも

行っている。基本的には，メンバーの方々の話を黙って聞きつつ，そこで吐露されるさまざまな気持ちを受け止めたり，ときに自らに湧き起こってくる感情を見つめたりしながら，被害者の方々とともにあろうとしている。

　グループのファシリテーターは当事者である代表の方であり，臨床心理士として，カウンセリングを行うこともなければ，会の取り回しをすることもない。それでは，臨床心理士としてグループに存在する意味は何だろうか。実際，臨床心理士がいたところで解決できるような問題ではないことは多々ある。何より，亡くなった方が帰ってくるわけでもない。むしろ，被害者の方の壮絶な体験や心情を傾聴しながらも，臨床心理士としては何もできない無力感に襲われることの方が多い。それでも，突然の予期せぬ事件によって打ちのめされた被害者の方々が，辛い気持ちを分かち合い，支え合う現場に立ち会いながら，これからどのように生きていけば良いのだろうか，と模索する作業に，臨床心理士として寄り添うことはできるのではないだろうか。このような臨床心理士としてのスタンスを持って，その場に有り続けることが，最も大事な役割ではないかと考える。犯罪被害者となった方々が自らの人生の意味を再構築していくプロセスに寄り添うこと，それが主体性の回復という視点からも重要なことだと考えている。また，太田ら（2018）が示唆したように，社会的活動を行っている遺族といえども，「トラウマの反応」や「喪失に伴うネガティブな感情」がないわけではないことを肝に銘じて，十分な配慮を忘れないようにしたい。

Ⅳ　いくつかの課題

　ここでは，犯罪被害者支援に関わる臨床心理士としての課題について述べる。

　一つには犯罪被害者支援における「対等」な支援者－被害者関係（岡村，2015）への配慮が挙げられる。岡村は「『対等』ではない関係による支援は，二次被害，三次被害を与えることになる」と述べている。当事者グループにおける筆者らの行っている支援は，一歩間違うと非常に侵襲性の高いものになるということを常に自戒しておかなくてはならないだろう。

次に，中長期支援のあり方についての課題である。グループに参加されている被害者のうち，長い人では事件から 20 年以上が経過している方もいる。有期刑の場合はもちろんのこと，無期懲役の判決であっても，加害者はいずれ出所してくる。死刑判決が出ていても再審請求を繰り返す場合もある。そのたびに遺族は，こころをかき乱されることになる。また，たとえ死刑が執行されたとしても，被害者のこころが本当の意味で癒やされるわけではない。

　事件直後の支援は基本法の成立もあってさまざまな方策が行われてきている。裁判が終わるまでの支援は手厚くなっているが，その後の被害者支援については，まだ現状で，確立されているものがあるわけではない。当事者グループ発足当時からの筆者らの関わりは，今後の中長期にわたる被害者支援のあり方を検討する意味でも重要な知見になると考えられる。したがって，筆者ら自身のこれまでの関わりをまとめ直し，そこから得られる知見を社会に還元することが大きな課題である。これは難しい課題ではあるが，犯罪被害者の中長期的な支援への一助となることを願って取り組んでいきたい。

文　　献

福元理英・西脇喜恵子・藤山英順（2002）殺人事件被害者遺族の子どもたちとの出会いの中で―自助グループに遊びの場を保証すること．心理臨床―名古屋大学心理発達相談室紀要，17；13-21.

犯罪被害者自助グループ緒あしす編（2006）いのちかなでる―犯罪被害者自助グループ緒あしす手記集．立花書房.

犯罪被害実態調査研究会（2003）犯罪被害実態調査報告書．（http://www.npa.go.jp/higaisya/higaisya7/031218taisakushitu.pdf）

法務総合研究所（2013）安心安全な社会づくりのための基礎調査（第 4 回犯罪被害実数（暗数）調査）．法務省 HP（http://www.moj.go.jp/housouken/housouken03_00066.html）

法務総合研究所（2017）平成 29 年度版犯罪白書．法務省 HP（http://hakusyo1.moj.go.jp/jp/64/nfm/mokuji.html）

Horowitz J, Siegel B, Holon A, Bonanno,GA et al（1997）Dignositic criteria for complicated grief disorder. American Journal of Psychiatry, 154（7）；904-910.

Jacobs S, Mazure C & Prigerson H（2000）Diagnostic criteria for traumatic grief. Death Studies, 24（3）；185-199.

警察庁（2018）犯罪被害類型別調査　調査報告書．警察庁 HP（https://www.npa.go.jp/hanzaihigai/kohyo/report/h29-1/index.html）

中島聡美（2008）犯罪被害者の心理と司法関係者に求められる対応．家庭裁判月報, 60（4）；1-26.

西脇喜恵子・坪井裕子（2018）犯罪被害者支援における心理臨床的かかわりの現状と課題. 心理臨床—名古屋大学心の発達支援研究実践センター心理発達相談室紀要，33；13-22.

緒方康介・石川隆紀・道上知美・西由布子・前田均（2010）事故および犯罪被害者遺族の外傷後ストレス症状の因子構造—多母集団同時分析による性別，年齢層別および死別後期間別の因子不変性. 犯罪学雑誌，76（6）；160-167.

岡村逸郎（2015）犯罪被害者における「対等」な支援者－被害者関係の社会的構築—2次被害の概念を用いた被害者学者の活動に関する歴史的考察. 犯罪社会学研究，40；87-99.

太田美里・岡本祐子・橋本忠行（2018）社会的活動を行う犯罪被害者遺族のレジリエンスの検討. 心理臨床学研究，36（3）；274-286.

大山みち子（1996）強姦被害者のPTSDとその回復. 犯罪心理学研究，34；146-147.

白井明美・中島聡美・真木佐知子・辰野文理・小西聖子（2010）犯罪被害者遺族における複雑性悲嘆及びPTSDに関連する要因の分析. 臨床精神医学，39（8）；1053-1062.

髙橋三郎・大野裕監訳（2014）DSM-5　精神疾患の分類と診断の手引. 医学書院.

第5章

非行少年の心理的危機
──自らの罪を悔いることの難しさ──

●

河野荘子

はじめに

連日，ニュース番組では，痛ましい事件が報道されている。そして，その報に触れる私たちは，被害者はもとより，残された人々の言葉にできない思いを想像し，怒りや痛ましさを感じずにはいられない。犯罪や非行は，単なる加害者と被害者の間だけで成立する事象ではない。事件と直接的な関係は何もない人々の心にまでさざ波を立てるほど，強い影響力を持つものなのである。犯罪や非行に巻き込まれることだけではなく，その情報に間接的に触れることさえもが，深刻な心理的危機状況を生み出すきっかけとなりうる。

1. 反省とは

さて，犯罪や非行に関するさまざまな情報を耳にするとき，私たちは，どのような背景を持つ人が，なぜ，どのようにしてこの事件を起こしたのかを知りたいと思う。そして，「加害者は，本当に反省しているのか」を，その言動を通して確かめたくなる。

「反省」とは，「自分のよくなかった点を認めて，改めようと考えること」である。つまり，「反省する」ということは，自分の行いが社会に批判されても仕方がないと当事者が思っている状態ともいえる。一方で，反省してい

ることを他者に伝えることほど難しいことはない。謝ればよいというわけで
もなく，神妙な顔をしていれば済むわけでもない。それが，犯罪や非行といっ
た，自他や社会に大きな影響を与える事象であればなおさらである。なぜか？
「反省する」ということが，反省すべき本人を社会がどう受け止めるかにか
かっているからである。「反省していることを認める人（圧倒的多数の人々）」
が存在して初めて，「反省する」ことの社会的意味が成立し，赦しが起こる。
結局のところ，悪いことをした自分が，もう一度世の中に居場所を見出すこ
とを，周囲が赦してくれるかどうかなのである。本人ができることは，苦し
くても，排斥されても，ののしられても，まっとうな道を生き続けている自
分を，行動によって示し続けることだけである。それでも，いつ赦されるのか，
本当に赦してもらえるのかどうかさえ，誰にもわからない。これは，どんな
人にとってもストレスフルであることは間違いない。そう考えると，行為の
是非はともかく，このような状況に置かれた犯罪者や非行少年もまた，心理
的危機状態にあるといえるだろう。

　残念なことに，周囲から厳しい目を向けられているにもかかわらず，一部
の犯罪者や非行少年は，時に，反省していないようにさえ見える。自分のこ
ころが危機的な状態にあるなどということは，おくびにも出さない。この時，
彼らは，どのような体験をしているのであろうか。本章では，その心理的メ
カニズムについて考えてみたい。なお，ここでは，主として非行少年に焦点
をあてることとする。犯罪者よりも犯罪性が進んでおらず，可塑性に富むた
め，心理的なかかわりによる改善が見られやすいと想定されるからである。
また，本章で取り扱う話題は，窃盗や薬物といった自己完結的な色合いを含
む事案よりも，粗暴行為など他者に直接的な被害を与える形式の非行行動に，
よりフィットするものとなるだろう。

I　なぜ加害行為が発生するのか

　「激しい暴力を暴発させる少年は，必ずどこかで暴力にさらされている」（藤
岡，2001）と言われるように，加害者には被害者だった経験があるというの
は，非行臨床に携わっていると納得できる部分が多い。粗暴行為で検挙され

るような少年でも，成育歴を見てみると，幼少期に両親から虐待を受けていたり，家庭が貧困だったり，いじめの被害者だったりと，深刻な被害経験を持つことは珍しくない。被害経験があれば，その痛みが理解できるがゆえに，加害行為には及ばないと考えることもできるが，被害経験があるからこそ，加害行為に及んでしまう場合があることを，私たちは理解しておく必要がある。加害者と被害者は，簡単に攻守所を変える関係にある。

1. 社会的学習理論の観点から

　人が生まれて最初に経験する人間関係は，親（あるいは親代わりとなる大人）との関わりであろう。モデリング理論（Bandura, 1971）になぞらえるならば，子どもは，親というモデルを通して，対処行動や感情の処理方法，自己統制の方法など，多くのことを学ぶ。

　人生早期の人とのかかわりの中で，加害−被害関係にさらされることが，後に子どもが形成する人間関係の質に影響を及ぼすことは想像に難くない。まず，親の行動は，子どもの注意をひきつけやすい（注意過程）。その上，親が暴力などを通して他者を支配している姿を見聞きする，あるいは自らが実際に被害を体験しつづけるなど，加害−被害関係に接していたならば，子どもは，加害行為によって得られる利益がどのようなものであるかを学習し（保持過程），別の場面で再生する（再生過程）。バンデューラ（Bandura）によれば，再生過程は，自分の学習の確からしさを確認するためにも，必要不可欠なプロセスである。その内容が暴力などの反社会的な行動であれば，この段階が，問題行動の最初の発現時期といえる。上記の試みの結果，加害行為による利益が確認されるのであれば，子どもは自ら加害行動を遂行する（動機づけ過程）ように方向づけられていく。つまり，幼少期の重要な他者との人間関係の中で，虐待，あるいは虐待類似の関係を経験し，適切なケアもなされなかった場合，その子どもの対人パターンは，これまでの学習をふまえて，「加害者と被害者」や「支配者と被支配者」をほうふつとさせるようなものになりやすいのである。

　このような子どもの場合，相手に対する態度も，自分の立場が相手よりも上か下かによって，大きく異なるものとなりがちである。たとえば，年下の

第5章　非行少年の心理的危機　*81*

相手にとても優しく接したとしても，相手が自分の言うことを聞かなかったり，違う意見を言ったりすると，手のひらを返したように，怒鳴ったり脅迫したりする，あるいは，大人を慕っているような素振りを見せても，何かの拍子に叱られると，途端に反抗的になって，相手をひどく傷つけるような暴言を吐くなどである。つまり，自分が「上である」と思われる状況においては，施しのような一方向的な思いやりを示すこともあるし，明らかに「下である」環境下においては，相手におもねるように接し，一次的に安定しているかのような人間関係を作ることはできるが，相手の反応次第で，その関係はすぐに変化してしまうのである。この変わり身の速さに，周囲は驚き，戸惑うことになる。幼少期に，適切に学習する機会を奪われた子どもは，ほどよく心理的距離の取れた，安定した人間関係を構築する方法がわからなくなってしまう。

　さらに言うならば，この水準の人間関係は，周囲を疲弊させるため，たいていの人は，遅かれ早かれ彼らから離れていってしまう。不幸なことに，この繰り返しによって，少年たちのこころの中では，人との関係が，見捨てられるという喪失体験と結びついてしまうのである。当然これでは信頼できる人間関係は得られるはずもなく，少年たちは孤独を抱えることになる。孤独感は，非行少年の人間関係を評価する上でも有用な概念である（中村，2011）とされるが，その背景には，彼らの心理的な飢餓状態が存在すると考えられる。そのため，加害行為が，相手の注意を自分にひきつけ，自分を愛してもらう大切な手段ともなってしまうのである。加害行為は，別の側面から見るならば，心の飢餓状態を和らげるための対処行動といえよう。

2. 対象関係論の観点から

　加害行為が発生するメカニズムは，精神分析の対象関係論に即して説明することもできる。クライン（Klein, 1934）は，「犯罪行為について」という論文の中で，「犯罪者に特有な行動の原因は，超自我の過度の厳格さにある」と述べている。超自我とは，個人の道徳観や倫理観などをつかさどり，従わないと罰をも辞さないほど厳しく，主に両親などの教育から形成される自我の一部のことをいう。クラインによれば，通常，子どもは，その発達の中で，自分の欲求不満や怒りの原因を外の世界へ投影するが，同時に，自分が怒り

を向けた対象に報復されることへの不安も持つという。この時，子どもの激しい怒りと不安をなだめるのが，現実によりよく適応しようとする子ども自身の努力と，それを支持してくれる現実世界での両親との温かい関係である。だからこそ，子どもは，努力は報われると信じることができ，厳しくも温かい適切な超自我を形成できる。

　一方，激しい怒りと不安を和らげるための適切な支持が，現実の世界から得られない時，子どもはひどい恐怖の中に置かれたままとなる。この状態が継続すると，子どもの自我には，容赦のない罰を与えるひどく厳しい超自我が形成される。子どもは，超自我から罰せられる恐怖を弱めるため，自分が傷つけられる前に，外の世界（周囲の人）を傷つけて，自分の身の安全を守ろうとし始める。クラインは，これが，加害行為のメカニズムであると説明する。つまり，少年たちは，内的世界において，迫害されていると感じているがゆえに，これ以上ひどい状況にならないために，先手を打って他者を害するというのである。ちなみに，この説明から推測すると，おしなべて，非行少年の内的世界は，妄想−分裂的態勢（Klein, 1946）が優勢な状態にある。彼らの基本的な病態水準は重いといわざるをえない。

Ⅱ　反省の裏にある感情——なぜ少年たちは反省できないのか

　私たちは，罪を犯したのなら反省してほしいと願う。しかし，他者に対して執拗に加害行為を行う子どもたちほど，何度注意しても，何度諭しても，あるいは罰を与えても，同じことを繰り返す。彼らにとって，自分の罪に向き合うことや悔いることとは，どのような意味を持つのであろうか。

1.　罪悪感を持つことの難しさ

　反省をし，失敗を次につなげるためには，後悔や罪悪感，申し訳なさといった複雑な感情を，自分のものとして生々しく体験する必要がある。言うなれば，妄想−分裂的態勢から，抑うつ的態勢（Klein, 1946）へと移行できるまでに，精神機能が向上しなければならないのである。

　抑うつ的態勢とは，今まで「悪い対象」と思っていたものが，同一の「良

い対象」でもあることに気づくことを通して，象徴形成能力が高まり，対象の修復と保持，衝動のコントロールが適切にできるようになる，より高次の発達段階のことをいう。また，ここに至って初めて，子どもは，罪悪感や抑うつ感，悲哀，悔いなどを経験できるようになる。ウィニコット（Winnicott, 1958）は，「健康な情緒としての罪悪感は，罪悪感という情緒が成熟し，罪悪感を持つ能力を備えてきた自己というコンテイナーに包まれることによって，適切に実感されるようになる」と説明する。その上で，「道徳観を欠く人たちは，情緒発達の初期に罪悪感を持つ能力を発達させる環境の力が不足していたか，ある種の人格またはその人格の一部で，最早期の情緒発達の停止が起こったのではないか」と推察している。

　一方，岡野（2007）は，罪悪感を他者への加害願望の流れのみで検討していては，本質を理解することが難しいとする。交通法規を犯した時や，自分ひとりが利益を独占してしまったような時にも，人は罪悪感を持つからである。このことをふまえ，岡野は，罪悪感を「自分が存在していることや，自分が行った行為のために，自分が他人より多くの満足体験を持ったり，他人が自分より多くの苦痛体験を持つことにより引き起こされる苦痛の感覚」と定義している。

　本当の意味で罪悪感を持てること——反省できること——は，ある種の精神機能の高さを示唆する。たとえば，岡野の定義するような罪悪感を持つためには，他者が苦痛を感じていることを認知する力，他者の苦痛に共感する力，自分が他者に苦痛をもたらしてしまった事実を受け止める力など，かなり多角的で抽象的な思考力が発達していなければならないからである。この観点からすれば，さまざまな問題を抱える非行少年にとって，適切な罪悪感を持つことが非常に難しいことも容易に推測できよう。

2. 罪悪感と恥との関係

　では，罪悪感を持ちにくい代わりに，非行少年たちはどのような感情を体験しているのだろうか。罪悪感と類似した感情に，恥がある。近年，この二つの感情が，類似した状況で生起するにもかかわらず，まったく異なる機能や性質を持っているというエビデンスが示されるようになった（Tangney

表 5-1　恥と罪悪感の相違（薊, 2008 より抜粋）

	恥	罪悪感
評価の対象	全体的自己	特定の行動
苦痛の程度	相対的に強い	相対的に弱い
現象的経験	無価値観，無力感	緊張，自責，後悔
自己の操作	観察する自己と観察される自己の分離	自己は統合された状態
自己への影響	全体的な価値低下による自己評価の現存	全体的な価値低下を伴わない
他者への関心	他者による評価への関心	他者への影響に対する関心
反事実的過程	自己の一側面の心理的取り消し（undoing）	行動の一側面の心理的取り消し
動機的側面	逃避への欲求	告白，謝罪，償いへの欲求

& Dearing, 2002)。タングニー（Tangney, 1993）は，罪悪感と恥の苦痛の程度や，それらが生じた際の感覚について調査をおこない，恥は罪悪感よりも苦痛を伴い，劣等感，身が縮むような感覚，他者から見られている感覚，逃避願望が強いことを示している。表 5-1 は，タングニーによって整理された恥と罪悪感の相違点である（薊, 2008 より抜粋）。確かに，臨床心理学を専門とする筆者から見ても，本来統合されているはずの自己が分離していたり，一つのうまくいかない経験が自己評価全体を低下させたりと，恥のほうが，原始的防衛機制や all or nothing 思考の活性化をうかがわせるものであり，精神的未熟さを感じさせる内容となっている。

　タングニーとデーリング（Tangney & Dearing, 2002）は，恥が生起した時，自己全体に注意の焦点があてられるために苦痛な感覚が生じ，自己防衛として逃避や攻撃行動など不適応的反応が促されるが，罪悪感が生じると，行動に注意が向かうため，自己への脅威が比較的小さくなり，補償行動など適応的反応が生じやすいという。彼らは，一連の研究において，恥を感じやすい人，罪悪感を持ちやすい人というように，恥と罪悪感の個人特性に注目したが，同様の視点で恥と罪悪感の機能について検討した有光（2006）でも，この知見は支持されている。

　以上のことから，反省するという状況に陥った時，恥と感じるか罪悪感に結びつくかで，結果が異なってくるといえそうである。そして，「恥は自己

第 5 章　非行少年の心理的危機　　85

にとっても，対人関係や道徳的側面にも不適応的で，罪悪感は適応的である」（Tangney & Dearing, 2002）．恥を感じやすい人ほど怒りを感じやすく攻撃性が高い一方で，罪悪感を持ちやすい人ほど怒りを感じず攻撃性が低い（薊・余語，2003）との指摘に従うならば，非行少年たちが反省できるためには，困難ではあっても，恥ではなく罪悪感が持てることを目指して，指導をする必要があるだろう。

　ただ一方で，筆者は，「恥は不適応的・罪悪感は適応的」という単純化された図式に違和感も覚える。実際，大江（2016）は，性非行少年を対象に調査をおこない，立ち直りに関係する競争的達成動機と再非行抑止動機の促進には，罪悪感と恥の両方が影響を及ぼすため，両方を活かした改善・更生や再非行防止教育をおこなうことが大切であると強調している。また中里と松井（2007）も，恥が子どもの非行を抑制すると述べている。やはり，恥にも，それを感じる人を適応へと導く側面とそうではない側面とがあると考えたほうが，妥当なようである。

3. 恥の分析からわかったこと

　恥を詳しく検討することで，その機能を解明しようとしたのが，薊（2006, 2008, 2010）の一連の研究である。薊（2010）は，恥と罪悪感の二分法での比較ではなく，恥を屈辱感と羞恥心にわけて検討することを提案している。この場合の屈辱感は，「他者によって自分が傷つけられたという感覚を生じさせるために憎しみが喚起され，攻撃性を促進するような人間関係を崩壊に導く感情」，羞恥心は，「社会の基準から外れた時の警告サインであり，社会的ダメージを最小限に抑えるよう体裁を整えるなどの適応的機能を有するもの」と定義される。薊（2006）では，屈辱感を強く感じるほど，迷惑をかけた相手だけでなく，周囲にも責任を転嫁する傾向が生じ，怒りが生起しやすくなること，他者への配慮を示しにくく，迷惑をかけた相手に謝罪して関係を修復するような傾向は認められず，こうした状況からの逃避願望も強かったことを報告している。図5-1は，恥と屈辱感の共通点と相違点について，薊（2008）がまとめ直したものである。

　また，薊（2010）は，関係修復反応を罪悪感は促進し，屈辱感は抑制する

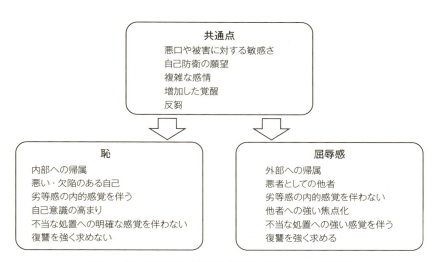

図 5-1 恥と恥辱感の共通点と相違点（薊，2008 より抜粋）

ことを見出した。つまり，自分が叱責を受けるという社会的苦境状況に陥った時，それが親密な他者や好意を持っている他者からの叱責の場合，人は罪悪感が喚起され，評価を回復するために，自分の行動に原因を見出そうとし，親密な他者との対人関係を修復しようという方向に動機づけられるが，親密性が低く，関係に苦痛を感じる他者からの叱責の場合は，屈辱感が喚起されることで，謝罪などの対人関係を修復する反応が抑制されるのである。そして，あまりに強く屈辱感が喚起されると，人間関係が崩壊し，問題が深刻化する可能性があるとしている。叱責を受ける本人が，自分を叱責する相手をどのように思っているかで，罪悪感が喚起されるか屈辱感に結びつくのかがある程度は決定されてしまう。再非行の防止や非行少年の立ち直りを考える場合，どのように叱責するかも大切であるが，誰が叱責するのかといった観点も，その後に大きな影響を及ぼす要因と認識しなければならないようである。

第 5 章 非行少年の心理的危機

Ⅲ　非行少年に私たちができること

1．これまでの知見をもとにして

　非行少年は，精神発達的な水準から見て，罪悪感を適切に持てるような状態とは言い難い。そして，他者に迷惑をかける，規範を逸脱するなどの行為によって，自分が集団や社会への適応が問われる場面に置かれると，罪悪感よりも恥，特に屈辱感を感じやすいため，他罰的になったり，復讐心に燃えたりしやすくなる。これは，人間関係を破壊する方向に進む可能性を高くし，その結果，少年たちは，周囲に対する失望感や孤独感をますます強くする。この悪循環を断ち切るような援助ができないか考えることには意味があろう。薊（2010）は，社会的苦境状況にある個人を再適応に導くためには，屈辱感を抱きやすい個人には，状況の解釈を意図的に転換するための認知スキルの習得が必要であること，指導的立場の者は，叱責されている者と良好な関係を築いていることの2点が重要であると述べている。この指摘は，少年たちに反省を促し，再非行を防止するための指針としての示唆に富む。

　まず，精神発達を少しでも促進させることを目的とした，個別の心理療法をおこなうことは不可欠であろう。心理療法によって自己イメージの改善や自己理解が深まることで，新しい行動パターンを持つ自分を再構築する糸口が作られるからである。また，認知的スキル訓練も，少年たちが，自分の認知の傾向や解釈の偏りを理解し，必要に応じてそれらを修正するきっかけとなるだろう。これらに加えて，少年たちが，自ら「この人との関係は大切にしたい」と思えるような向社会的な他者と，温かな人間関係を築けるような機会が与えられるとよい。

2．少年たちに必要とされる他者とは

　さて，「少年たちには温かな人間関係の構築が大切」ときくと，私たちは，つい，何か新しい環境に彼らを置くことが必要だと言われているような気になってしまう。しかし，筆者は，少年たちが「関係を維持したい」と思える

ような他者は，新しく提供された環境や新しく出現した誰かである必要はないと考えている。

　河野（2009）は，個別の心理面接過程の分析を通して，非行からの立ち直りは，「対象に対する認識の変化」と「対象に対する意味づけの変化」が繰り返し生起する中で進むことを見出している。この場合の「対象」も，ずっと少年の近くにいた人たち——父親，母親，きょうだいや親戚，学校の先生，家裁調査官，矯正施設職員など——である。それまでは気づかなかった，ある対象の信頼できる側面を，少年が自ら見つけ直すことに意味があるのである。少年たちが，自分で大切な他者を見出すことができれば（対象に対する認識の変化），その人との関係の修復が重要（対象に対する意味づけの変化）になる。この繰り返しの中で発達する力を，河野は「抑うつに耐える力」と命名している。この概念は，クライン（Klein, 1946）の分裂－妄想的態勢／抑うつ的態勢の理論をベースにしたものである。大切な他者が明確に認識されるにつれ，その人との関係性の中で，罪悪感や後悔といった複雑な感情体験がなされ，過去の非行という問題行動を振り返りつつ自己理解がなされゆくさまは，大切な他者との関係においては屈辱感より罪悪感が生起されやすくなるとするエビデンスとも重なるものといえる。

　結局のところ，個人のこころのケアや，信頼できる人間関係を構築できる環境づくり，周囲の人たちが，認識の変化を起こすことができる対象として少年の近くにいること，これらを地道に続けることが，再非行防止につながるといえそうである。

おわりに

　この章の冒頭で，筆者は，自分の行動を赦してもらうことは難しいと述べた。反省している自分を示すことではなく，反省していると周囲が認めてくれるかどうかにすべてが委ねられるからである。バリー（Barry, 2011）は，非行から立ち直った少年の多くが，非行をやめた後の困難な経験として，「単に犯罪者とのみ見られて，普通の生活ができない」ことをあげたと報告している。周囲が，非行をしない自分を認めてくれることがいかに難しく苦しい

ことかを明確に示すよい事例である。悪いことをするのは一瞬だが，自分の行動を赦してもらうのには，膨大な時間と，気が遠くなるような労力がかかる。自分の行動に責任をもつことの難しさは，まさにここにある。

　非行少年の精神病理は相対的に深刻で，ウィニコット（Winnicott, 1958）は，非行化した人たちすべてを治す希望を持つことはできないと悲観的である。非行臨床が困難を極めることから考えても，筆者も同感である。ただ，何らかの援助をすれば，比較的スムーズに非行から立ち直る事例があることもまた事実である。だからこそ，彼らに対する効果的な支援の方法の確立は，喫緊の課題となっている。

　非行少年たちの行為は社会のルールに反することであり，許されることではない。ある一定の罰を受けるのは当然である。ただ，彼らが悪いことをしてしまった時，あるいは社会にもう一度戻ろうとする時に，周囲にいる大人は，やってしまった行為だけを見るのではなく，少しだけ，彼らの心の奥底に潜んでいる危機的な状況にも注意を払ってみてはどうだろうか。それだけで，彼らもずいぶんと救われるのではないかと思うのである。これは彼らを甘やかすことではない。彼らを取り巻く大人として，少年たちに責任を引き受けさせつつ，大変さにはそっと寄り添う姿勢を見せることなのである。少年たちが社会全体との関係の中で大変な思いをしているであろうこと，それは自分自身の行為の代償として引き受けざるを得ないこと，赦してもらうことだけ考えるのではなく，その中で逃げずにまっとうに生きていくことが贖罪につながること，こういったことを，根気よく共に考えてくれる誰かがいるのならば，少年たちもなんとか立ち直っていけるのではないかと，筆者は考えている。

　言うは易く，おこなうは難い。非行のような，誰かに害を与える事象は，私たちの倫理観や道徳観を刺激するので，拒否的感情が生まれるのは自然なことである。しかし，非行では，本人も含め，誰も幸せにはならない。社会全体が協力して，少年たちの立ち直りを支えることで，結果的に，私たちの社会の安全も守られるのである。

文　献

有光興記（2006）罪悪感，羞恥心と共感性の関係．心理学研究 77，(2)；97-104.

薊理津子・余語真夫（2003）自己意識感情（恥・罪悪）と怒り・攻撃性との関係．感情心理学研究 11，(2)；82.

薊理津子（2006）アルバイト場面における屈辱的恥，羞恥感，罪悪感の機能．日本社会心理学会第 47 回大会発表論文集，336-337.

薊理津子（2008）恥と罪悪感の研究の動向．感情心理学研究，16（1）；49-64.

薊理津子（2010）屈辱感，羞恥心，罪悪感の喚起要因としての他者の特徴．パーソナリティ研究，18（2）；85-95.

Bandura A（1971）Analysis of modeling process. In : Ed by Bandura A : Psychological Modeling : Conflicting Theories. Chicago : Aldine Atherton, pp.1-62.

Barry MA（2011）Youth offending in Japan. The book of abstracts, 16th World Congress of the International Society for Criminology ; 159.

藤岡淳子（2001）非行少年の加害と被害．誠信書房.

Klein M（1934）On criminality.（西園昌久・牛島定信責任編訳（1983）メラニー・クライン著作集 3　愛，罪そして償い．誠信書房．pp.15-19）

Klein M（1946）Notes on some schizoid mechanisms.（小此木啓吾・岩崎徹也責任編訳（1985）メラニー・クライン著作集 4　妄想的・分裂的世界．誠信書房，pp.3-32）

河野荘子（2009）Resilience Process としての非行からの離脱．犯罪社会学研究，34；32-45.

中里至正・松井洋編（2007）「心のブレーキ」としての恥意識―問題の多い日本の若者たち．ブレーン出版.

中村薫（2011）非行少年の孤独感と DLT における人物表象配置の特徴．心理学研究，82(2)；189-195.

岡野憲一郎（2007）恥／罪悪感／後ろめたさ，気後れ．臨床心理学，7（6）；863-865.

大江由香（2016）性非行少年の恥，罪悪感と心理的ウェルビーイングが変化に向けた動機付けに及ぼす影響．犯罪学雑誌，82（1）；12-19.

Tangney JP（1993）Shame and guilt. In : Ed by Costello CG : Symptoms of Depression. New York : Wiley, pp.161-180.

Tangney JP & Dearing RL（2002）Shame and Guilt. New York : Guilford Press.

Winnicott DW（1958）精神分析と罪悪感．（牛島定信訳（1977）情緒発達の精神分析理論―自我の芽ばえと母なるもの．岩崎学術出版社，pp.3-20）

第2部

コミュニティの危機とこころ

第6章

学校の危機と心理学的支援

●

窪田由紀

　学校というコミュニティは，成長発達の途上にある児童生徒が主たる構成員であることや，当該校に通う児童生徒や保護者に限らず，当該地区に居住するすべての人々にとっても地域コミュニティの拠点としての機能を持っていることから，学校の危機は多くの人々に大きな影響を及ぼすことになる。本章では学校の危機とそれに対する心理学的支援について述べる。

I　学校の危機

1．学校の危機とは

　危機は「人が大切な人生の目標に向かう時障害に直面したが，それが習慣的な問題解決の方法を用いても克服できないときに発生」し，「混乱の時期，つまり動転する時期が続いて起こり」，その間「さまざまな解決をしようとする試みがなされるが失敗」し，「有害な出来事への直面と習慣的な方法での解決努力の失敗の結果生じた不均衡な状態」（Caplan, 1961）と定義されている。

　学校コミュニティの機能を「さまざまな背景を持つ人格発達途上にある児童生徒の成長・発達を支援する」と考えれば，学校において児童生徒の個人的な危機状態が存在することは，むしろ日常的といえるかもしれない。しか

しながら，コミュニティは構成員の安全を保障し，ストレスのもとで支持を引き出し，さらに生きる意味を獲得することをめざすための機能を潜在的に持っている（Klein, 1968）ため，危機状態が特定の個人に限られており，またその深刻さの程度が一定範囲に留まっている限り，構成員の個人的危機は，学校コミュニティの日常的な機能の範囲内で十分に対応可能である（窪田，2005a）。教職員，保護者や友人のサポートを得ることで，危機状態に陥った児童生徒は徐々に回復することができる。これは，学校コミュニティが必要に応じて地域の専門機関と連携・協働することも含めての対処能力を発揮した結果といえる。

　しかしながら，子どもが自ら命を絶つ，子どもが事故に巻き込まれて多数の死傷者が出る，教師の不祥事が大きく報道される，子どもが逮捕される，地域全体が自然災害に襲われる，などといったように，多くの人々が直接・間接に影響を受けるような重篤な出来事が生じると，学校コミュニティそのものが混乱し，構成員のケアという本来の機能を発揮できなくなる。日頃は学校コミュニティの中心となって子どもの指導・支援を担っている教職員にも不安や動揺が生じ，冷静な判断ができなくなる。保護者や地域も，平時は教職員と協力して事態に取り組んでいるが，このような場合には不安のあまり原因追求に走り，学校の落ち度を指摘するばかりで教職員を疲弊させる。

　人生の脅威となるような有害な出来事に遭遇した個人が，それまでの対処方法で対処できない場合に「個人の危機」に陥るのと同様，コミュニティがその存続を脅かすような出来事に遭遇して従来の問題解決方法では対処できない状態に陥る場合を「コミュニティの危機」ということができる（窪田，2015）。学校コミュニティの危機とは，「構成員の多くを巻き込む突発的で衝撃的なできごとに遭遇することによって，学校コミュニティが混乱し本来の機能を発揮できない状態に陥ること」（窪田，2005a）である。

2．危機をもたらすさまざまな出来事

　学校コミュニティの危機は，構成員の多くが強い恐怖や喪失を体験することによって生じる。表6-1に学校が遭遇する具体的な出来事を，影響を及ぼす範囲別に記した。同じ災害，事件・事故であってもその性質や被害者・目，

表6-1 危機となる事件・事故，災害とレベル（影響が及ぶ範囲）

	個人レベル	学校レベル	地域レベル
児童生徒の自殺			自殺 *いじめ自殺
学校管理下の事件・事故		校内事故	*外部侵入者による事件 *被害者，目撃者多数
学校管理外の事件・事故	校外事故	*目撃者多い事故	
自然災害による被害			自然災害 *児童生徒の被害
地域の衝撃的な事件・事故			*被害者，目撃者多数
児童生徒による殺傷事件			児童生徒による殺傷 *構成員が被害者
教師の不祥事			教師の不祥事の発覚 *児童生徒が被害者
教師の突然死		教師の突然死	*教師の自殺

同じ事件・事故であってもより大きな動揺が予測されるものに*印を付した
（窪田，2017）から転載

撃者の数によって学校コミュニティへの影響は異なると考えられる。より動揺が大きいと考えられるものには＊を付している（窪田，2005a）。

筆者たちの研究グループが2011年にA県内の小中学校教師3,507名の協力を得て行った調査では，927名（26.4％）の教師が過去10年間の間に延べ1,208件の学校危機に遭遇したと回答していた（樋渡・他，2016）。また，2015年にB市の全小中学校の教師を対象として行った調査においても回答者2,845名のうち，994名（34.9％）が延べ2,328件の学校危機に遭遇していた（窪田・他，2016）。回答者の4分の1から3分の1に上っており，学校危機への遭遇は決して稀なことではないことがわかる。比較的多くの教師が遭遇した事案としては，夏休み中の水難事故，自宅の火災など，学校の管理責任外の事件・事故による児童生徒の死傷（312件，448件），児童生徒の自殺・自殺未遂（227件，270件），教師の不祥事の発覚（181件，478件），登下校時の事故，部活動中の事故など学校管理責任下の事件・事故による児童生徒の死傷（168件，329件）などが挙げられる。なお，カッコ内は2011年調査，2015年調査における遭遇延件数である。同じ事案を複数の教師が体験している場合もあるため実際の発生件数を反映しているわけではない。

なお，アメリカの学校危機対応のテキストでは上記に加えて，戦争やテロ，校内での銃撃事件などが挙げられている（Kerr, 2009 ; Brock et al, 2012）。

第6章 学校の危機と心理学的支援 97

表 6-2　危機に遭遇した個人の反応 (Everly et al, 1999)

認知面	記憶の障害　集中力の障害　思考能力・決断力・判断力の低下　問題解決能力の低下
感情面／心理面	ショック　不安　混乱　恐怖　イライラ・怒り　悲しみ　抑うつ　無力感　不信　自責
身体面	めまい　動悸　発汗　過呼吸　睡眠障害　食欲不振　胃腸症状　筋緊張による痛み　疲労感
行動面	落ち着きのなさ　身だしなみの低下　人を避ける・ひきこもり　多弁　攻撃的言動

3. 学校危機がもたらすさまざまな影響

1) 個人の緊急事態ストレス反応と学校生活への影響

　このような危機は，個人やコミュニティにさまざまな影響を及ぼす。エヴァリーら（Everly et al, 1999）は，通常の対処機制をはるかに超えた緊急事態に遭遇した個人は，表 6-2 のような，認知面，感情／心理面，身体面，行動面にわたる緊急事態ストレス反応を示すと述べている。

①　児童生徒の反応と学校生活

　このような反応は，さまざまな形で児童生徒の学校生活に影響を及ぼす。集中力・思考力等の障害が学習意欲を低下させ，中長期的には学業成績に影響する。また，不安，恐怖や種々の身体反応などの内在化問題から不登校に至ったり，イライラ・怒りといったネガティブな感情が他者に向けられて，種々の暴力や反社会的行動のような外在化問題として顕在化したりする。教師の不祥事などでは顕著であるが，事案の発生や事後対応の過程で児童生徒の教師や大人への不信感が芽生えることも稀ではない。

②　教師の反応と学校生活への影響

　また，通常は児童生徒の最も身近な支援者として個人的な危機に陥った児童生徒をケアする役割を担っている教師自身も，緊急事態に遭遇して種々の反応を示す。

　A 県臨床心理士会が，2000 年から 2003 年の間に学校危機に遭遇して A 県臨床心理士会の支援を受けた 11 校の教師，合計 127 名を対象に GHQ-28

を用いたフォローアップを行った結果（向笠，2005）によると，危機遭遇の2週間後には，うつ以外の下位尺度，身体的症状，不安と不眠，社会的活動障害について中程度以上の症状を訴えた人が全体の40％以上に上るなど，多くの教師が深刻なストレス反応を示していた。なお，四つの下位尺度の平均値は，いずれも2週間後と3カ月後，6カ月後の間には有意な差があり，学校危機による教師のストレス反応は3カ月後には回復傾向にあることが示された。

　危機遭遇直後には，多くの教師が深刻なストレス反応を抱えながらも，目の前の児童生徒への対応を担わざるを得ない。種々の不測の事態に対して判断すべきことも多いが，危機による問題解決能力の低下のため思うに任せず，焦りや自責を深めることになる。そのような中で無理を重ねることで中長期的にバーンアウトに至る危険性もある。

2）学校コミュニティへの影響

　危機に遭遇した個々の構成員には，前述したように認知面，感情面，身体面，行動面の反応が生じる。それらが相まって，学校というコミュニティには，次のような状況が生じやすい。

①　人間関係の対立や構成員相互の非難・攻撃

　個々人の不安やイライラ・怒りは，些細なきっかけで対人トラブルに繋がる。ゆとりをなくした個人は，自分と異なる反応を示す他者を受け入れ難い。クラスメイトの死に対して涙を流さない児童生徒を「冷たい」と非難するようなことは珍しくない。体罰やハラスメントなどの教師の不祥事の発覚時には，被害者およびその周辺の児童生徒が強い恐怖と嫌悪感を示すのに対して，当該教師を慕っていた児童生徒には尊敬と信頼の喪失反応が生じるなど，大きく反応が異なることから両者の間に対立関係が生じやすい。このほか，危機を契機に教師相互や学校と保護者の間などに元々潜在していた対立が顕在化することも珍しくない。また，深刻な事態に対して人々が自責の念を抱くことは稀ではないが，自責を抱え続ける辛さから「あの人がこうしておけば，こうしなければ」といった他者への非難・攻撃，責任転嫁に転じることも少なくない。

②情報の混乱

　危機的な出来事に遭遇した学校コミュニティでは必要な情報が適切に伝わらなかったり誤った情報が流れたりして混乱が助長される（窪田，2005a）。構成員個々に記憶や思考能力・判断能力の障害が生じるため，不正確・不適切な情報が伝わりやすい。筆者自身，同僚 C さんの妻からの電話で C さんの犯罪被害死を知った職員が，上司に伝える際に「奥さんが亡くなった」と言ってしまい，報告を受けた上司は当然ながら自身の妻が亡くなったと思ってしばらく呆然としていたところ，職員が周囲の人に C さんが亡くなったと言っているのが徐々に聞こえてきたという話を聞いたことがある。

3）学校コミュニティへの混乱に関わる要因

　出来事の種別による反応の違いも見られる。先に示した A 県教師対象の調査では，危機発生時の学校の様子として，構成員の混乱，学校への非難不信，情報の隠蔽混乱が見られ，特に児童生徒の自殺では学校への非難，教師自身の茫然自失反応，自責反応が強く，教師の突然死や不祥事では学校への非難，構成員の混乱と教師自身の茫然自失反応，自責反応が強くなっていた（樋渡・他，2016）。

　このほか，構成員の関係性など日頃からの学校コミュニティのありようによって，学校コミュニティの混乱の度合は異なる。以前の危機対応を巡って地域に潜在していた学校への不信感は，新たな危機への遭遇で一気に顕在化し，危機からの回復を難しくする。逆に教職員相互や地域との間に平時から信頼関係があると，混乱は最小限に留まり，一致団結しての危機対応が可能になる。

II　学校の危機への心理学的支援

1．学校の危機への心理学的支援の発展

1）欧米における発展

　学校の危機への心理学的支援について，欧米では 1980 年代後半から 90 年

代初頭にかけて議論されるようになってきた。ユールら（Yule et al, 1993）は，英国において大規模自然災害や死亡事故，銃撃事件などによって，子どもたちにさまざまなストレス反応や学校生活への適応，学業成績への影響などが生じることを示した上で，学校が行うべき短期的，中期的，長期的対応について具体的に提案している。また，ほぼ同時期にアメリカでは，ピッチャーら（Pitcher et al, 1992）が80年代からの児童生徒が呈する問題の深刻化の中で，スクールサイコロジストは危機介入のスキルを持つと共に，銃乱射事件のような重篤かつ深刻な危機事態に備えて学区規模の包括的な危機対応システム開発を行う必要性があることを指摘し，種々の危機事態への具体的な対応メニューを提示している。

その後，ヨーロッパにおいては2000年代初頭から，ヨーロッパ学校心理学研修センター（European School Psychology Centre for Training : ESPCT）が学校における危機管理のプログラムを開発し，1週間程度の基礎コース，アドバンスコースの訓練を各地で提供している。また，アメリカでは，全国学校心理士協会（National Association of School Psychologists : NASP）が，予防から準備，初期介入，中長期的な介入から評価にわたる包括的な学校危機対応プログラムであるプリペア PREPaRE（Brock et al, 2009）を開発し，予防・準備と対応・回復の各段階に関する二つのワークショップおよびトレーナー養成プログラムを幅広く提供する体制を整えている。

2）わが国における発展

一方，わが国においては，増え続ける不登校やいじめといった児童生徒の個人的危機に対して，外部の専門家である臨床心理士等を活用するスクールカウンセラー（以下SC）活用調査研究委託事業が開始されたのが1995年4月であった。同年1月に阪神・淡路大震災が発生したこともあり，大規模自然災害後のこころのケアは当初からSCの重要な役割の一つと位置づけられた。その後2000年初頭にかけて学校を現場として児童生徒が犠牲になる痛ましい事件が続き，その都度SCの追加配置や当該地区臨床心理士会からの心理士の派遣等による支援が行われた。さらに全国を震撼させた2001年の大阪教育大学附属池田小学校事件の際には，直後から多職種チームによる支

援が行われ，その後大学に設立された専門機関が中心となって長期にわたる緻密な支援が続けられた（瀧野，2012）。

　また，これほどの規模でなくても，児童生徒の自殺，学校の管理内外の事件・事故による児童生徒の死傷，教師の不祥事の発覚などによって生じる学校危機後の心理的支援について，2000年頃から各地で徐々に体制が整えられてきた。都道府県臨床心理士会が学校・教育行政の要請を受けて学校に入る体制（福岡県臨床心理士会，2001：京都府臨床心理士会，2005など）や自治体が多職種からなるCRT（クライシス・レスポンス・チーム）を派遣する体制（河野，2009）などである。筆者たちの研究チームが2014年に行った調査によれば，回答があった38都道府県のうち，約60％の22都道府県で支援チームの派遣や外部心理士の追加配置がなされ，当該校SCの時間増を合わせると約80％の29都道府県で特別な支援体制がとられていた（林・他，2015）。2016年度の全国の総件数は500件以上（学校臨床心理士ワーキンググループ，2017）に及ぶなど，学校危機後の心理学的支援はさらに広く普及してきている。

2．学校危機への心理学的支援の概要

1）包括的学校危機対応モデル

　カー（Keer, 2009）は，予防・緩和（Prevention-Mitigation），準備（Preparedness），対応（Response），回復（Recovery）の4段階からなる包括的学校危機予防対応モデルを提示している。予防・緩和段階では情報収集と予防教育，準備段階では体制整備と研修・訓練，対応段階では危機遭遇直後の対応，回復段階では中長期的支援とそれまでの取り組み全体の検証を行い，次の予防に活かす循環モデルである。先に触れたプリペアも予防から準備，初期介入，中長期的な介入から評価にわたる包括的な危機対応プログラムである。以下に予防・緩和段階，対応段階での心理学的支援の概要について述べる。

2）予防・緩和段階

　この段階には，観察，アンケート，面談などの方法を用いての情報収集に

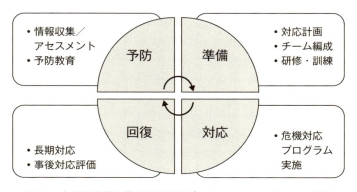

図 6-1　包括的学校危機予防対応モデル（Keer, 2009 に基づいて作図）

よるリスクの早期発見と対応およびさまざまな危機予防や緩和のための教育が位置付けられる。

　これまで学校現場で生徒指導や保健指導の中で続けられてきた薬物乱用防止教育や性教育などは，危機予防のための教育の代表的なものである。一方で，児童生徒の人間関係作りやコミュニケーション能力育成をねらいとする構成的グループ・エンカウンター，ソーシャル・スキル・トレーニングなどの心理教育も学校適応の増進のために広がってきている。しかしながら，これまでは後者が予防教育と位置付けられることも，両者が体系的に実施されることもほとんどなかった（窪田，2013）。

　最近になって，いじめ防止対策基本法を受けたいじめ防止基本方針や，自殺対策基本法の一部を改正する法律において，いじめや自殺といった重大な危機予防のために人間関係作りやコミュニケーション能力の育成，ストレス対処能力の獲得のための教育，こころの健康教育の必要性が謳われ，学校現場での実施を推進する体制が整ってきた。

3）危機遭遇直後の心理学的支援

　ブライマーら（Brymer et al, 2012）は，危機遭遇直後の介入に関して，次のような対応を推奨している。まず，学校の歴史や現状，今回生じた危機的な出来事の特徴について情報を収集し，誰に対してどのような支援が必要

かといったニーズを確認するための情報収集を行うこと，そのためにも支援者は児童生徒，教職員，保護者が集う場所に出向いて接触するなど積極的にアウトリーチを行うこと，また，危機直後に重要なこととして，出来事とコミュニティへの影響についての正確な情報を提供することで恐怖や不安を取り除き安全感を促進すること，が挙げられている。SNS も含めて蔓延する情報の精査も重要となる。

　このような危機直後の支援をパッケージしたプログラムの一つがブライマーら（Brymer et al, 2009）によるサイコロジカル・ファーストエイド（Psychological First Aid）である。危機発生直後から 1 カ月程度の時期の支援に関するもので，安全と安心の確立，もともと持っている資源の活用，ストレスに関連した苦痛の緩和，適応的な対処行動の引き出し，自然な回復力の向上，役に立つ情報の提供，適切な紹介の実施などが基本原則として掲げられている，世界でもっとも普及している初期支援プログラムの一つである。

　先述したように，わが国においては，2000 年以降徐々に学校危機後の心理的支援プログラムの開発と実施体制が構築された。その一つが福岡モデル（福岡県臨床心理士会，2001）といわれるもので，a）こころの傷の応急処置，b）一次被害の二次予防，c）二次被害の一次予防をねらいとして，危機遭遇直後の数日間に教職員，児童生徒，保護者を対象に a）出来事についてのできるだけ正確な情報の提供，b）危機時のストレス反応と対処方法に関する心理教育，c）出来事に関する各自の体験を表現する機会の保障を行うものである（窪田，2005b）。

Ⅲ　学校危機への心理学的支援に関する研究

1．学校危機への心理学的支援の効果研究

　学校危機直後の早期の心理学的支援の効果研究は，a）危機の発生は予測不能であり頻繁には生じない，b）多くの介入がなされる中で特定の支援プログラム効果のみの分析が困難，c）倫理的にも統制群を用いた比較研究は不可能，などといった理由で欧米においても十分でない（Brock et al,

2009)。

　わが国においては学校危機への心理学的支援については，実践報告に留まっており，効果研究は見られなかった（樋渡・他，2016）。

2. 学校危機への心理学的支援の効果——教師対象の研究から

　筆者たちの研究グループでは臨床心理士チームによる学校危機時の支援の効果を検討するために，教師を対象とする二度の質問紙調査とインタビュー調査を行った。

1) 2011 年実施の質問紙調査から（樋渡・他，2016 ほか）

　A 県内から抽出した公立小中学校教師 3,507 名の協力を得て実施した質問紙調査において，過去 10 年間に一定の学校危機を経験した教師について，傾向スコアマッチングによって年齢，教職経験，性別，校種，職名，事案の種別，当時の立場，危機発生時の自身の反応や学校の様子，事案の重篤度といった共変数の調整を行って抽出した臨床心理士チームの支援あり群，支援なし群各 225 名の比較を行った。その結果，支援あり群の方が危機事態に対して効果的な対処（積極的対処を多く用い，否認が少ない）を行い，1 カ月後の回復感（学校全体の回復感，教師自身の回復感）が高いことが示された。

2) 2015 年実施の質問紙調査から（窪田・他，2017 ほか）

　B 市教育委員会管轄下の小中学校の教員 2,887 名の協力を得て実施した質問紙調査の結果，危機遭遇経験を持つ 994 名のうち，臨床心理士チームの支援あり群，支援なし群について 1) と同様の手続きで共変数のマッチングを行い，各 129 名を抽出した。両群間に現在の危機対処効力感（学校危機に自身がうまく対処できるであろうという期待）や危機後成長感（過去に危機を体験したことを契機に自身の成長や他者への信頼等への認知の変化の実感）について，差が見られなかった。

　続いて，臨床心理士チームの支援を受けたと回答した 455 名について，臨床心理士チームの支援の三つの下位尺度（危機対応に関する全般的助言，教師自身に関する支援，児童生徒・保護者へのカウンセリング）の活用得点を

第 6 章　学校の危機と心理学的支援　*105*

用いた Ward 法によるクラスタ分析を行って，支援活用高群・低群を構成した。両群を比較したところ，支援活用高群の人たちの方が支援活用低群の人たちよりも，危機対処効力感（危機のイメージ，危機時セルフコントロール，危機対処），危機後成長感（人間関係重視，他者への信頼，自己への信頼，価値観の変容）について，良好な結果を示していた。また，危機を学校で協働して解決できたという解決感と自分自身が解決に貢献したという貢献感をより強く持っていることがわかった。

　これらのことから，危機遭遇時の臨床心理士チームの支援の積極的活用が危機状況への適切な対処に繋がって，危機の協働解決感や自身の貢献感，および危機対処効力感を高め，その結果危機後成長が実感される可能性が示唆された。

3）臨床心理士チームの支援を受けた教師へのインタビュー調査から（丸山・他，2013 ほか）

　協力者は，2000 年以降に災害，事件・事故に遭遇し，A 県臨床心理士チームの支援を受けた教師の中で，職位，出来事の対応，地域，校種別を勘案して依頼し，同意が得られた 18 名（管理職 7 名，学年主任等 4 名，養護教諭 4 名，担任 2 名，その他 1 名）であった。教師自身の事案への遭遇過程の他，心理士チームが入って役立ったこと，戸惑ったこと，もっとこうして欲しかったことなどを尋ねた。その中から，支援チームの効果に関わる部分としては，チームの派遣が教師の安心感と落ち着きをもたらし，学校としての組織的対応に繋がったといった「心理士チームの派遣そのものへの評価」，専門家の助言が教師・保護者の安定につながった，第三者の冷静な視点で学校の対応が支持されたといった「専門性・外部性への評価」，危機対応についてのコンサルテーション，児童生徒，保護者，教師への直接的な支援が役立ったというような「支援内容への評価」の大きく三つの要素が抽出された。

　1）〜 3）の研究から，心理士チームによる支援が，危機遭遇時の教師の安定に寄与して，より効果的な対処に繋がり，危機からの回復を促進している可能性が示唆された。しかしながら，最大 10 年前を振り返っての回答で

あること（2011 年調査），現在の対処効力感や成長感には差がないこと（2015年調査）や対象者の偏り（インタビュー調査）など方法論上の問題もあり，更なる検討が求められる。

3. 学校危機への心理学的支援の実際
——臨床心理士を対象とした調査から

1）臨床心理士による学校危機への心理学的支援の実際（窪田・他, 2015 ほか）

　都道府県臨床心理士会を通して，学校危機への心理学的支援経験を持つ臨床心理士へ調査協力を依頼し，38 都道府県の 263 名の臨床心理士からの協力を得た。一人当たりの支援経験件数は 1 件から 149 件（平均 6.7 件，$SD=12.00$），経験した事案延数は多い順に児童生徒の自殺・自殺未遂（186 件），学校管理外の事件・事故（112 件），学校管理下の事件・事故（109 件），教師の不祥事の発覚（109 件）であった。支援期間は 14 日以内で 80.25％を占めたが，1 年以上が 5 件あり，緊急支援の捉え方の差が窺えた。

　実施した支援内容としては，児童生徒のカウンセリング（216 件），教職員へのカウンセリング（164 件），対応全般への助言・提案（153 件），児童生徒対応に関するコンサルテーション（153 件）の順であり，実施しての手応え感は，対応全体への助言，コンサルテーション，情報収集・情報交換など学校・教師との連携に関わるものが高かった。一方で必要と感じながら実施できなかった支援としても，職員研修，教職員カウンセリング，教職員への心理教育など教師支援に関するものが多くなっていた。

2）支援を行う上での臨床心理士の困難（樋渡・他, 2015 ほか）

　1）と同様の調査における支援実施上の困難に関する自由記述について，KJ 法に準じる方法で分析した。その結果，大カテゴリとして，支援チームに関わる困難（66 件），自分自身に関わる困難（37 件），支援自体に関わる困難（111 件），学内関係者に関わる困難（68 件），教育委員会に関わる困難（26件），学外関係者に関する困難（5 件）が抽出された。中カテゴリの中で多かったものは，個人的負担（16 件），自身の力量不足（16 件），教師支援困難（15件），学校の理解不足（13 件）の順となっており，臨床心理士が多くの個人

的な困難を抱えながら支援に当たっていることがわかった。

3）学校危機への心理学的支援を後押しする要因——支援に携わった臨床心
理士へのインタビュー調査から（和田・他, 2014 ほか）

　学校管理外の児童の死亡事故，学校管理下の生徒の死亡事故，対教師暴力，
生徒の交通事故死，生徒の病死後に支援に携わった臨床心理士計 5 名の協力
を得て，インタビューを行った。支援を後押しした要因として，教育委員会
や経験豊富な臨床心理士のリーダーシップ，事前に受けた研修やテキストに
よる知識，学校や教育委員会関係者からの受け入れ，経験豊富な心理士仲間
からの後方支援などの有効性が抽出された。

　1）〜 3）から，臨床心理士による学校危機後の心理的支援の目的や具体
的な方法については学校や教育委員会との間はもとより，臨床心理士相互で
も十分なコンセンサスが得られていないこと，そのことが支援に当たる臨床
心理士の大きな負担となっていることが窺えた。

4．児童生徒の学校危機体験と支援ニーズ
——大学生を対象とした質問紙調査（窪田・他, 2018 ほか）

1）危機時の学校の対応の実施度と必要度

　小中高等学校在籍時に何らかの学校危機を経験した者 220 名（協力者 516
名中 42.6％）に，学校による種々の対応の実施度と必要性について尋ねた。
その結果，実施度は学校からの説明，教師の見守り，教師を頼りにできるの
順，ニーズは学校からの説明，質問の機会，教師の見守りの順となっており，
SC（専門家）のカウンセリングについては実施もニーズも低かった。支援ニー
ズは事案へのショック度が高い人ほど強く感じていた。

2）危機時に頼りになった程度

　学校危機を経験した協力者に，友人，家族，担任，養護教諭，SC 等が危
機時にどの程度頼りになったかを尋ねたところ，学内の友人，家族，担任，
その他の先生，学外の友人，養護教諭，SC の順に高く評定されていた。

108　第 2 部　コミュニティの危機とこころ

1）〜2）より，児童生徒は危機遭遇時には，当然のことながら，友人，家族，担任といった身近な人を頼りにしていること，また，特に担任・学校による出来事についての十分な説明を多く望んでいることが明らかになった。いわゆる狭義のこころのケアに留まらない学校危機後の対応を，自身も揺れている教師，友人，家族などが適切に提供できるための専門家による後方支援の重要性や，日頃から SC への相談への敷居を下げる工夫の必要性が示された。

IV　むすびに代えて

　冒頭にも述べたように，学校は地域コミュニティの拠点であり，すべての子どもたちの成長発達を支援する機能を託されている。そこで生じた危機は，当該校在籍中の子どもたちにとどまらず，地域全体に，また現在の子どもたちに留まらず将来にわたって，大きな影響を及ぼすことになる。したがって，危機を可能な限り予防し（予防段階），生じた危機にどのように対応するかの体制を整え（準備段階），それでも防ぎ得なかった危機には即時に対応するとともに（対応段階），中長期的な関係者の回復に向けてのフォローアップやそれまでの取り組みの評価・検証（回復段階）を行って，次の予防に活かすという循環モデルに即した包括的な営みが組織的に展開されることが期待される。

　学校危機への心理学的支援は，わが国だけではなく，国際学校心理学会（ISPA）でも毎年最重要課題の一つとして取り上げられており，体系的なプログラム開発や支援者養成が広がってきているものの，研究レベルでは未だ発展途上であり，十分な根拠を持った支援が確立されているとはいえない。臨床実践の現場と研究との往還によって，危機を防ぎ，回復を支援する心理学の貢献をより進める努力が一層求められているといえよう。

文　献

Brock SE, Nickerman AB, Reeves MA et al（2009）School crisis prevention and intervention : The PREPaRE model. National Association of School Psychologists, Bethesda.

Brock SE & Jimerson SR（2012）Best practices in School Crisis Prevention and Intervention. Second Edition. National Association of School Psychologists, Bethesda.

Brymer JB, Pynoos RS, Vivrette RL et al（2012）Providing School Crisis Intervention. In：Ed by Brock S & Jimerson SR Best Practices in School Crisis Prevention and Intervention. Second Edition. National Association of School Psychologists. Bethesda, pp.317-336.

Brymer M, Escudero P, Jacobs A et el（2009）Psychological first Aid for Schools：Field operation guide. National Child Traumatic Stress Network, Los Angeles, CA.

Caplan G（1961）An Approach to Community Mental Health. New York：Crune & Stratton.（山本和郎・加藤正明監修（1968）地域精神衛生の理論と実験．医学書院）

Everly GS & Mitchell J（1999）Critical Incident Stress Management：A New Era and Standard of Care in Crisis Intervention（Second Edition）. Ellicott City, MD：Chevron Publishing Corporation.（飛鳥井望監訳（2004）惨事ストレスケア―緊急事態ストレス管理の技法．誠信書房）

European School Psychology Centre for Training.（https://www.espct.eu/）

福岡県臨床心理士会（2001）学校における緊急支援の手引き．

学校臨床心理士ワーキンググループ（2017）学校臨床心理士ワーキンググループ都道府県コーディネーター会議資料．

林幹男・窪田由紀・樋渡孝徳，他（2015）学校危機への臨床心理士による支援の実態（4）―コーディネーターアンケートから．日本教育心理学会第57回大会発表論文集；506.

樋渡孝徳・窪田由紀・山田幸代，他（2015）臨床心理士アンケートに見る学校危機への緊急支援の実際（2）―支援を行う上での臨床心理士としての困難．日本心理臨床学会第34回秋季大会発表論文集；107.

樋渡孝徳・窪田由紀・山田幸代，他（2016）学校危機時における教師の反応と臨床心理士による緊急支援．心理臨床学研究，34；316-328.

樋渡孝徳・窪田由紀・山田幸代，他（2017）学校コミュニティ危機への緊急支援に関する実証的研究（1）―傾向スコアマッチングによる臨床心理士の支援効果の再分析．日本心理臨床学会第36回大会発表論文集；114.

河野通英（2009）子どもを守るために専門職の情熱と技を結集しよう：CRT（クライシス・レスポンス・チーム）の活動紹介．児童青年精神医学とその近接領域，50；378-382.

Keer MM（2009）School Crisis prevention and Intervention. New Jersey：Pearson Education, Inc.

Klein DC（1968）Community Dynamics and Mental Health. New York：John Willy & Sons.

窪田由紀（2005a）学校コミュニティの危機．（福岡県臨床心理士会編／窪田由紀・向笠章子・浦田英範，他著）学校コミュニティへの緊急支援の手引き．金剛出版，pp.22-44.

窪田由紀（2005b）緊急支援とは．（福岡県臨床心理士会編／窪田由紀・向笠章子・浦田英範，他著）学校コミュニティへの緊急支援の手引き．金剛出版，pp.45-76.

窪田由紀（2013）学校にせまる危機．（速水敏彦編）教育と学びの心理学．名古屋大学出版会，pp.265-280.

窪田由紀（2015）危機への心理的支援―危機介入から心理的支援へ．（金井篤子・永田雅

子編）臨床心理学実践の基礎その 2—心理面接の基礎から臨床実践まで．ナカニシヤ出版，pp.91-111.

窪田由紀・樋渡孝徳・山田幸代，他（2015）臨床心理士アンケートに見る学校危機への緊急支援の実際（1）—支援の実際〜依頼ルート，実施され支援と手応え．日本心理臨床学会第 34 回秋季大会発表論文集；106.

窪田由紀・樋渡孝徳・山下陽平・山田幸代・向笠章子・林幹男（2016）学校危機遭遇体験と教師の危機対処効力感，危機後成長の関連（1）—調査の概要と教師の学校危機遭遇体験の実際．日本教育心理学会第 58 回総会発表論文集，467.

窪田由紀・樋渡孝徳・山田幸代・向笠章子・山下陽平・林幹男（2017）学校コミュニティ危機への緊急支援に関する実証的研究（2）—臨床心理士の支援の活用度による支援効果の比較．日本心理臨床学会第 36 回大会発表論文集，115.

窪田由紀・樋渡孝徳・向笠章子，他（2018）小・中・高等学校時代に学校危機に遭遇した大学生の体験の研究（1）—大学生の学校危機遭遇体験の実態．日本心理臨床学会第 37 回大会発表論文集；138.

京都府臨床心理士会（2005）学校における緊急支援—緊急時に携わるスクールカウンセラーに向けて．

丸山笑里佳・窪田由紀・和田浩平，他（2013）学校危機からの回復過程における教師の体験に関する実証的研究（1）—教師の不祥事を体験した教務主任の事例についての複線径路・等至性モデルを用いた分析から．日本心理臨床学会第 32 回秋季大会発表論文集；103.

向笠章子（2005）教師のメンタルヘルスとフォローアップ．（福岡県臨床心理士会編／窪田由紀・向笠章子・浦田英範，他著）学校コミュニティへの緊急支援の手引き．金剛出版，pp.141-145.

National Association of School Psychologists.（http://www.nasponline.org/professional-development/prepare-training-curriculum/about-prepare）

Pitcher GD & Poland S（1992）Crisis Intervention in the Schools. New York : Guilford Press.（上地安昭・中野真寿美訳（2000）学校の危機介入．金剛出版）

瀧野揚三（2012）特別講演　学校危機への対応—附属池田小学校メンタルサポートチームでの取組みから．名古屋大学大学院教育発達科学研究科紀要，心理発達科学　59；9-25.

Yule W & Gold A（1993）Wise Before The Event : Coping with crisis in schools. London : Calouste Gullbenkian Foundation.（久留一郎訳（2001）スクール・トラウマとその支援—学校における危機管理ガイドブック．誠信書房）

和田浩平・窪田由紀・石川雅健，他（2014）生徒の死亡事故を体験した学校への支援の在り方についての検討—複線径路・等至性モデル（TEM）を用いた臨床心理士の語りの分析から．日本学校心理学会第 16 回大会プログラム・発表抄録集論文集；90.

第7章

家族で発生する心理的危機
——虐待と親子関係の修復——

●

千賀則史

I　虐待という家族の危機

1.　子ども虐待とは

　児童相談所の児童虐待相談対応件数は毎年増加し続けており，2017年度は13万件を越えた。また，子ども虐待の最悪の結果である死亡事例は，確認されているもので毎年200件近くもある。子ども虐待は，子どものこころと生命を脅かす危機であると同時に家族全体の危機でもある。この危機を乗り越えるためには，子どものケアはもちろんのこと，不適切な養育をしている親への支援が必要不可欠である。

　子ども虐待とは，児童虐待防止法第2条において，①身体的虐待，②性的虐待，③ネグレクト，④心理的虐待という四つの類型が定められており，子どもや親の状況，生活環境などから総合的に判断される。その際に，行為者の意図は関係がなく，たとえ親がよかれと思ってしたことであっても，子ども側の視点から有害な行為であれば虐待と捉えられる。

2.　関係性障害としての子ども虐待

　家族で発生する虐待という心理的危機は，一部の特別な家庭にだけ生じる

図7-1 関係性障害としての子ども虐待
(渡辺, 2007を参考に作成)

ものではない。いろいろな学歴, 階層, 経済状況の家庭で起こりうるものである。その原因は単一ではなく, いくつもの要素が重なり合ったときに発生する。たとえば, 育児不安, 社会的孤立, 夫婦関係の問題, 経済的貧困などが背景にある中で, 親子の関係性が悪化し, 不適切な養育がエスカレートすることで生じる。このように子ども虐待を親子の関係性の問題として考えると, 関係性障害の範囲によって, ①ミクロ虐待 (母子の関係性障害), ②ミニ虐待 (家族の関係性障害), ③マクロ虐待 (社会の関係性障害) と多層的に捉えることができる (図7-1)。

子ども虐待は, 瞬間瞬間の親子の一対一のミクロのレベルの関係性障害が悪循環に陥る中で生じるものであり, その段階で関係性障害の深刻化を防ぐためには母子をあたたかく見守る他者の存在が必要とされる (渡辺, 2007)。予防という観点からは, ミクロのレベルの段階では,「虐待」という言葉を親に突きつけるのではなく, 子育ての悩みに耳を傾け, 気持ちを受け止める人間関係が求められる。その一方で, 家庭内の協力や地域での支援が得られず, マクロのレベルまで虐待が深刻化している場合には, 親や子どもの力だけで悪循環から抜け出すことは難しい。この場合, 自然治癒することはなく, 子どもへの危害が重篤化していく可能性が非常に高いため, 児童相談所などの公的機関が危機介入を行った上で, コミュニティに根差したネットワーク支援を展開していくことが必要となる。

3. 子ども虐待対応の目的

児童虐待防止法第1条によると, 子ども虐待対応の目的は,「児童の権利利益の擁護に資すること」と明記されている。また, 同法第4条には, 国および地方公共団体の責務として,「児童虐待の予防及び早期発見, 迅速か

つ適切な児童虐待を受けた児童の保護及び自立の支援並びに児童虐待を行った保護者に対する親子の再統合の促進への配慮その他の児童虐待を受けた児童が良好な家庭的環境で生活するために必要な配慮をした適切な指導及び支援」を行うことが謳われている。

　子ども虐待対応とは，不適切な養育をしている親を厳罰に処し，子どもを保護するだけでは根本的な解決にはならない。むしろ長期的に見れば，家庭や地域とのつながりを失い，対人関係や情緒面に課題を持った子どもを大量に生み出してしまう危険性すらある。

　子ども虐待への介入の目的を達成するためには，子どもの安全確保だけでは不十分であり，その後の家族再統合に向けた支援が重要となる。そのため，児童相談所などは，個々のケースにおける子どもの最善の利益とは何かを常に意識しながら，親子関係の修復などを視野に入れた総合的な支援を展開していくことが期待されている。

II　親子関係の修復に向けた支援

1．家族再統合とは

　家族再統合という用語については，明確な定義がされておらず，その捉え方には，「施設入所などによって分離された親子が再び一緒に暮らすこと」（reunification）という狭義のものと，「親子関係のあり方のさまざまな変容，家族機能の改善・再生」（reintegration）という親子が再び一緒に暮らすことに限定しない広義のものがある（厚生労働省，2013）。

　一般的に家族再統合とは，施設入所などによって分離された親子が再び一緒に暮らすことを指すと考えられる。しかし，虐待の再発などの問題があるため，家庭復帰に向けた支援は決して一筋縄ではいかない。したがって，親子分離後の家族再統合を考えるとき，親と一緒に暮らすというあり方を常に理想とするのではなく，親子が安心・安全にお互いを受け容れられる関係性を構築していくことを支援の意義として捉える必要がある。仮に家庭復帰が実現しなくても，親子関係が修復され，家族の情緒的なつながりが再構築さ

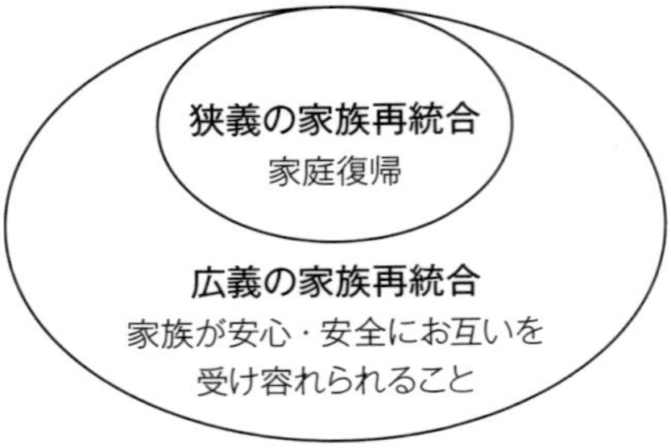

狭義の家族再統合
家庭復帰

広義の家族再統合
家族が安心・安全にお互いを
受け容れられること

図 7-2　家族再統合の捉え方
（千賀，2017：50 頁）

れることは，子どもが自立していくための精神的な支えとして大切なことだと考えられる。

　このように家族再統合には，狭義と広義の両方の捉え方があるが，これらは矛盾するものではない。狭義は広義の中に含まれるものであると考えると，図 7-2 のように整理することができる。すなわち，「狭義の家族再統合」を達成するには，「広義の家族再統合」の状態に至っていることが前提条件になる。そのため，いずれの形の家族再統合を目指す場合であっても，子どもの安心・安全から決して焦点をずらさずに支援することが重要となる。

2.　家族再統合に向けた支援

　政策基礎研究所（2018）によると，2015 年度から 2016 年度の 2 年間における児童相談所の家族再統合プログラムの使用状況は，サインズ・オブ・セーフティが 50.6％と最も多く，次いでボーイズタウン・コモンセンスペアレンティングが 35.5％，その他のプログラムが 30.8％であった。各プログラムの実施時の状況を見ると，サインズ・オブ・セーフティを実施している児童相談所では，「親が精神的な問題や障害を抱えている」と回答する割合が他の項目に比べて高く，ボーイズタウン・コモンセンスペアレンティングを実施している児童相談所では，「長期間参加してもらうことが難しい」と回答する割合が高かった。このように児童相談所における家族再統合に向けた支援では，各ケースの状況や目的に応じて，さまざまな親支援プログラムが実施されている。

　全国の児童相談所の約半数で実施されているサインズ・オブ・セーフティは，子ども・家族・援助者の関係性を重視し，家族が安心・安全を構築していく主体者となれるように支援していく子ども虐待対応の枠組みである。サインズ・オブ・セーフティとは，厳密に言えば，パッケージ化された「プロ

116　第 2 部　コミュニティの危機とこころ

グラム」ではなく支援プロセス全般にわたる「考え方」のことであり，同様の特質を持つものとしては，リゾリューションズ・アプローチや安全パートナリングなどがある（厚生労働省，2013）。

　サインズ・オブ・セーフティや安全パートナリングなど（以下，「安全パートナリング等」と略記）に共通するのは，関係性を重視した子ども虐待対応の枠組みであり，原因の追求をせず，未来の解決像を構築していく短期療法である解決志向アプローチ（Berg & Kelly, 2000）をベースにしているところだと思われる。解決志向アプローチの本質は，例外探しと例外の拡張にある。安全パートナリング等による支援では，例外的にすでにできている安全行動を丁寧に拾い集め，それらを維持・促進していくための質問を繰り返すことを通して，家族と一緒に子どもの安全計画づくりに取り組んでいく。

3. 関係性を重視した子ども虐待対応の枠組み

　安全パートナリング等は，アセスメントとプランニングの枠組み（表7-1）を中心に組み立てられており，【心配していること】【うまくいっていること】【安全のものさし】【起きる必要があること】という四つの問いかけによって情報を整理する。安全パートナリング等による家族再統合支援は，子ども・家族・援助者の協働によるアセスメントを土台として，家族主体の安全計画づくりへと向かっていくが，そのプロセスは，①危険と今後の安全を特定するプロセスに全員に関わってもらう，②当面の安全を確保する，③安全計画づくりについて説明し，安全応援団を見つける，④全員が心配事を理解する，⑤詳細な安全計画をつくる，⑥安全計画のモニタリングと見直しを行うという段階を経る。

　安全パートナリング等による支援と他の支援方法との大きな違いは，親を変えることを必ずしも支援目標にしないところにある。たとえば，児童相談所の親支援プログラムとして2番目に多く実施されているボーイズタウン・コモンセンスペアレンティングは，暴力や暴言を使わずに子どもを育てる技術を親に伝えることで，子ども虐待の予防や親子関係の回復を目指すペアレント・トレーニングであるが，こうした親支援プログラムでは，親の不適切な養育行動を変容させることが支援目標となることが多い。それに対して，

表 7-1　安全パートナリングのアセスメントとプランニングの枠組み

(Parker, 2012 を参考に作成)

【心配していること】	【うまくいっていること】
これまでの危害 難しくさせている要因	保護的な行動 強み

【安全のものさし】	
0（危険）　◀━━━━━━━━━━━━━━━▶　10（安全）	

【起きる必要があること】　今後の安全のための計画づくり	
今後の危険	安全ゴール
今後の安全に向けての次のステップ	

　安全パートナリング等では，家族のできていないところではなく，すでに家族がうまくやれていることや，親戚や地域の協力者から得られているサポートなどの肯定的な面に焦点が当てられる。このように家族をことさら変えようとするのではなく，家族の本来もっている力や地域の社会的ネットワークの強みを引き出すことで，子どもの安全に関連する問題の解消を試みるところに安全パートナリング等の大きな特徴がある。

Ⅲ　コミュニティで家族を支えること

1．家族応援会議の活用

　世代間連鎖などの深刻な関係性障害が背景にある子ども虐待ケースの場合，子どもや親へのアプローチだけでは十分な効果を期待することはできない。家族再統合における支援対象としては，①子どもに対する支援，②親に対する支援，③親子関係に対する支援，④親族に対する支援などの領域が考えられ，地域関係機関との支援ネットワークを絡めながら，これらの領域が

重層的，複合的に進展することで再統合が展開される（厚生労働省，2013）。つまり，家族再統合に向けた支援では，子どもや親といった個人のみならず，その周囲の人や環境との相互作用までを全体的に捉えるコミュニティ・アプローチの視点が必須といえる。子どもの養育における第一義的な責任は親にあるが，親がそうした養育責任を果たせるように社会全体で支えるための環境を整備していくことが求められる。

　複合的な問題を抱えた子ども虐待の困難ケースを支援するためには，地域のさまざまな人々の協力が必要になるが，家族に関わる人間が多くなればなるほど調整は複雑になるため，チームアプローチの難しさに直面することになる。子ども虐待対応とは，子どもの生活や命の危機に直結した仕事であるため，支援者側がケースに巻き込まれて不安や怒りなどの激しい感情を経験することも決して少なくない。また，多種多様な人間を集めれば，価値観や立場の相違から意見が対立し，不毛な言い争いに陥ってしまうこともある。したがって，地域でのネットワーク支援を行うためには，連携を促進するための働きかけが必要不可欠であり，関係者が集まる会議をいかに運営していくのかが重要な課題となる。

　安全パートナリング等による支援では，アセスメントから詳細な安全計画の作成に至るまでの支援プロセスに，家族や地域の支援者などを呼び込むために，子どもや親などの当事者が参加する家族応援会議を積極的に活用する。家族応援会議のあり方には，①協働的なアセスメントのための家族応援会議，②子どもの措置・委託先と家族交流のための家族応援会議，③安全計画づくりのための家族応援会議，④モニタリング／見直しのための家族応援会議などがあり，目的に応じて使い分ける必要がある。

　こうした当事者参画型の会議のあり方は，ニュージーランドで開発されたファミリーグループ・カンファレンスなどの流れを汲むものであり，当事者の主体性を重視した対応を行うことで家族や地域の支援者をエンパワメントすることが支援の基本姿勢となる。

2. モデル事例の紹介

　Ａくんの母親は，精神疾患があり，精神的に不安定になると，Ａくんに

対して「死ね」「バカ」と怒鳴ったり，ときには叩いたりすることもあった。母親が体調を崩し，入院したことをきっかけにAくんは児童相談所に保護されて施設で生活することになった。

　母親の退院後に親子交流を開始するにあたって，児童相談所が心配していることを伝えるために家族応援会議が開催された。参加者は，父親，母親，祖父母，施設職員，児童相談所職員であった。ホワイトボードに安全パートナリングのアセスメントとプランニングの枠組みを書き，【心配していること】【うまくいっていること】【安全のものさし】【起きる必要があること】について話し合った。家族，施設，児童相談所の立場から意見が出されることで，家族が抱える課題が明確化された。その結果，母親は，体調がいいときはAくんと適切に関わることができるが，精神的に不安定なときには，誰かの助けが必要なことが分かった。その結果，「母親が不安定なときであってもAくんが安心・安全でいられるようにする安全計画を家族が主体となって作成すること」を支援目標とした。

　その後の親子交流は順調に進み，Aくんの家庭復帰に向けた家族応援会議が地域で開催されることになった。当日はAくん，父親，母親に加えて，祖父母や保健師や保育士などの地域の支援者も参加した。【心配していること】を再確認した上で，【起きる必要があること】として「Aくんは，母親が体調不良のときであっても，安心・安全に子育てをしてもらう」という安全ゴールを共有し，すでに【うまくいっていること】について話し合った。すると，母親の体調が悪いときには，父親や祖父母の協力を得たり，地域の保健師や保育士などに自ら相談していることが分かった。さらには，「家庭が十分に安全な状態を 10 点，非常に危険な状態を 0 点だとしたら？」と【安全のものさし】により点数をつけてもらい，「今の点数が 10 点になるためには何が起きる必要があるでしょうか？」と質問することで，安全計画づくりを進めていった。

　最終的には，話し合った内容を両親が言葉と絵を使って分かりやすくまとめ，Aくんに説明した。Aくんは説明に納得すると，笑顔で絵に色を塗ってくれた。また，家庭復帰後のモニタリングの方法などについても丁寧に検討した上で，Aくんの家庭復帰が行われた。施設を退所してからも，安全

120　第 2 部　コミュニティの危機とこころ

計画の見直しをするために，家族応援会議は開催された。このように十分な
アフターケアが行われる中で，親子の関係性が修復されていき，Aくんは
家庭でも安心・安全に生活することができるようになり，児童相談所はケー
スを終結した。

3. 「あたたかい見立て」による支援モデル

　チームアプローチが重要視される子ども虐待対応において，心理職に求め
られる役割は，ソーシャルワークなどと重なり合う部分も多いが，児童相談
所などの現場で働く心理職の専門的独自性は，臨床心理学的な見立てにこそ
あると考えられる。この場合の見立てとは，個人の問題としてレッテルを貼
るだけの「つめたい見立て」ではなく，ケースを俯瞰的に捉え，強みに注目
する「あたたかい見立て」であることが大切である。

　たとえば，モデル事例の母親には精神疾患があったが，子ども虐待を個人
の病理として捉えるのではなく，社会的な孤立や親子関係といった関係性の
中で生じているものと捉え，地域へのアプローチを行った。家族応援会議を
活用して【心配していること】を確認した上で，家族の【うまくいっている
こと】に焦点を当てたコミュニケーションを繰り返すことで，地域の支援者
などの家族に対するまなざしが変化していった。このように子ども・家族・
援助者の協働を促進する「あたたかい見立て」が共有されることで，子ども
の安心・安全のための支援ネットワークが形成されていき，母親の精神疾患
というリスクを抱えながらも，家族機能の再生・回復が促進されていったと
考えられる。

　以上のような「あたたかい見立て」に基づく地域支援のあり方について，
千賀（2017）は図7-3のようなモデルを示している。この図では，児童相談
所の心理職として「支援をしている自分」と，心理職自身を含めた関係系の
ネットワーク全体をメタポジションから見渡す「もう一人の自分」を行き来
することを表現するために，顔を二つ描き，両者を循環する矢印を加えてい
る。さらには，全体の視点を持った心理職が地域全体を抱えているイメージ
をイラストで表現しているが，その理論的な背景には，成長促進的な環境機
能を表すウィニコット（Winnicott, 1986）のホールディング（holding；抱

図7-3 「あたたかい見立て」による支援モデル
(千賀, 2017;199頁)

えること)という概念がある。すなわち，子ども虐待対応における地域支援では，家族の生活圏の中にホールディング環境が作られることで，子どもや親の中に「世界が自分のことを守ってくれる」という安心感が内在化され，自己と他者への信頼が増進されることによって，適切な自己愛や他者愛が育まれ，親子の関係性が修復されていくプロセスが想定される。

　家族再統合に向けた支援のあり方としては，子どもや親，さらには親子関係などに閉ざされたアプローチではなく，地域全体に開かれたアプローチの視点が必要不可欠である。こうしたコミュニティ・アプローチの考え方を重視する心理職が触媒となって地域のネットワークに働きかけることが，子ども虐待への心理的支援では重要であると考えられる。

Ⅳ　家族の危機に心理学ができること

　「ピンチはチャンス」と言われるように，「危機」という言葉には，危険の「危」と機会の「機」という相反する二つの意味が含められている。子ども虐待という家族の危機は，子どもにとっては生命の危険があるほど重大なことであるため，児童相談所による子どもの保護などの強い介入が積極的に行われる。こうした介入は，子どもの状況や親子関係を大きく変えてしまうほどの影響力を持っているが，親子分離から家族再統合に至るまでの支援プロセスは，悪循環から抜け出すことができなくなった家族の関係性を一度壊してから再構築する創造的破壊の意味合いを持つ。つまり，子ども虐待への危機介入は，これまでの親子の関係性を見直し，新しい親子関係のあり方を発見・創造する機会を提供するものだと考えることができる。

　「一人の子どもを育てるには，村中の大人の知恵と力が必要」（It takes a village to raise a child）という諺があるように，子どもは母親や家族だけで育てるのではなく，地域全体で育てるものである。そのように考えると，子ども虐待とは個人の問題ではなく，人と人との関係性の問題として捉えることができる。子ども虐待を関係性障害として多層的に捉えるならば，子ども虐待の解決および親子関係の修復は，社会的に孤立していた家族が社会の中に包摂されていくプロセスの中で生じると仮定される。

　子ども虐待などの家族で発生する心理的危機に対して，心理学の立場から貢献できることは，やはり臨床心理学的な見立てという点であろう。それも前述したように，「つめたい見立て」ではなく「あたたかい見立て」であることが大切であり，家族の強みに焦点が当てられた見立てが適切に共有されることで，家族再統合に向けた子ども・家族・援助者の関係性が促進されていくと考えられる。

　子ども虐待への心理的支援は，部分が全体に，全体が部分に対して複雑に影響し合う関係系のネットワークの中で展開されるものであり，心理職が見立てを伝える際などに語った内容が巡り巡って家族に関わるさまざまな人々のやりとりに波及していく可能性がある。そのため，全体の視点を持ちなが

ら，子ども・家族・援助者をエンパワメントすることにつながる「あたたかい見立て」を行うことが心理職に求められていると思われる。

文　献

Berg IK & Kelly S（2000）Building Solution in Child Protective Services. New York : Norton.（桐田弘江・玉真慎子・住谷裕子，他訳（2004）子ども虐待の解決—専門家のための援助と面接の技法．金剛出版）

厚生労働省（2013）子ども虐待対応の手引き．平成 25 年 8 月改正版.

Parker S（2012）"Partnering for Safety" Assessment and Planning Framework. SP Consultancy.（井上直美・井上薫訳（2012）安全パートナリングのアセスメントとプランニングの枠組み．安全パートナリング研究会）

政策基礎研究所（2018）平成 29 年度子ども・子育て支援推進調査研究事業．保護者支援プログラムの充実に関する調査研究報告書．

千賀則史（2017）子ども虐待　家族再統合に向けた心理的支援—児童相談所の現場実践からのモデル構築．明石書店．

渡辺久子（2007）臨床心理・精神医学的観点からの児童虐待への対応について．子どもの虹情報センター紀要，5 ; 1-12.

Winnicott DW（1986）Holding and Interpretation : Fragment of an analysis. New York : Grove Press.（北山修訳（1989）抱えることと解釈．岩崎学術出版社）

第8章

対人関係で発生する心理的危機 I
——いじめの発生と修復——

●

小倉正義

はじめに

　基本的に，人は対人関係，つまり人とのつながりのなかで生きている。それだけ重要な対人関係であるからこそ，人とのつながりを感じられなくなったり，人とつながることに恐怖を感じるようになったりすれば，すぐに心理的に危機的な状況につながりうる。このように，人とのつながりを感じられなくなったり，人とつながることに恐怖を感じるようになったりするといった重大な事態を招きうる大きな出来事はいくつか考えられるが，その一つに「いじめ」がある。

　一言にいじめといっても，さまざまな種類がある。「人とのつながり」という視点では，身体的な攻撃，心理的な攻撃（悪口，嫌がらせなど），性的な攻撃のように，人とのつながり方として不適切と考えられる種類の関わりから，「空気のように扱われる」「無視される」といった人とのつながりを絶たれてしまう種類のものまで実にさまざまである。近年，虐待の種類によって脳に及ぼす影響が異なることが注目されているが（友田，2017），いじめに関してもどのようないじめを受けるかで，被害者に与える影響も異なってくると思われる。ただ，どのような種類のいじめを受けたとしても，人とのつながりをつくるうえで重大な影響を与えることはいうまでもない。実際

125

に，いじめ被害は，さまざまな心理的影響を及ぼすことがわが国でも報告されている。たとえば，いじめ被害が抑うつ・不安傾向やストレス症状と関連すること，自傷行為を行うリスクを高めることなどである（Hamada et al, 2016；村山・他，2015；岡安・高山，2000 など）。

また，いじめが起こっている場が，被害者当人にとってそれほど重要な場でなければ回避することもできるが，学校や職場のように，被害者当人にとっても「行かなければならない」場であれば，上述したような不適切なつながり方から回避することができないことも少なくないだろう。

本章では，このように重大な心理的危機を招きうる「いじめ」の発生と修復について論じる。なお，いじめは年齢を問わず，職場等の大人の対人関係でも確実に起こっており，深刻な問題であるが，紙幅に限りがあるので「学校でのいじめ」に限定して論じる。

Ⅰ　「学校でのいじめ」とは何か

わが国において国家的ないじめ対策が始まったのは，1985 年に文部省（当時）がいじめに関する調査を開始した頃からであるが（文部省，1985），学校におけるいじめは，学校制度が始まった当初からあったであろうと予想される。「いじめはなくならない」という言説をもつものもいるほど，いじめは古くから存在しており，防ぎにくいものとして知られている。その後，いじめはいくつかの大きな事件とその報道の中で世間から注目を集めることになる。しかしながら，いじめは減少する気配を見せず，先に示した「いじめはなくならない」という言説を裏付けるかのように，いじめに関わる悲しい出来事が次々と報道された。そのなかで，マスメディアでは「いじめ」があったのかどうかの議論が繰り広げられた。この議論が繰り広げられる背景として，「いじめとは何か」という，いわゆるいじめの定義が人々の中であいまいであったことも一つの要因だと思われる。文部科学省も，1985 年の調査におけるいじめの定義がいじめの実態を把握するために適当ではない部分があるとの判断から，1994 年度と 2006 年度の調査時に見直しを行っている（文部省，1995；文部科学省，2006）。

そして，2013 年 9 月に施行されたいじめ防止対策推進法では，いじめは「児童生徒に対して，当該児童生徒が在籍する学校に在籍している等当該児童生徒と一定の人的関係にある他の児童生徒が行う心理的又は物理的な影響を与える行為（インターネットを通じて行われるものを含む）であって，当該行為の対象となった児童生徒が心身の苦痛を感じているもの」と定義された。この定義から，被害者が被害を受けたと感じている（心身の苦痛を感じている）といじめと認知されることが明確になり，いじめがあったかどうかの議論の必要はなくなったと思われる。

　一方で，いじめに対応するためには，いじめ防止対策推進法の定義だけでは十分ではない。それでは，いじめ対応につなげるためには，どのようにいじめをとらえればよいだろうか。

Ⅱ　いじめの構造と対応

　森田・清永（1994）の「いじめの四層構造」は，いじめへの対応を考えるうえで非常に重要な概念である。いじめの四層構造は，いじめが被害者，加害者，観衆，傍観者の四層の子どもたちが絡まり合った構造の中で，起こっていることを示したものである。

　以下に四層にあたる被害者，加害者，観衆，傍観者について簡単に説明する。まず被害者はいじめられている子どものことである。次に加害者は，いじめている子どものことであり，実際には複数の場合が多い。さらに観衆とは，いじめをはやし立てたり，面白がって見ていたりする子どものことであり，加害の中心の子どもに同調・追従し，いじめを助長する。傍観者は，いじめを見て見ぬふりをする子どものことであり，いじめに直接的に荷担することはないが，加害者側には暗黙の了解と解釈され，結果的にはいじめを促進する可能性がある。

　森田・清永（1994）は，いじめ被害の多さは，加害者の多さよりも傍観者の多さと相関を示していることを指摘している。このことからも，傍観者の存在自体，もしくは傍観者の立ち振る舞いがいじめを左右すると考えることができよう。傍観者が傍観者として居続けるのではなく，森田・清永（1994）

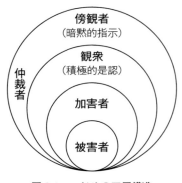

図 8-1 いじめの四層構造
（森田・清永（1994）を基に作成）

が仲裁者と呼ぶいじめに否定的な反応を示すものが多数現れれば，いじめの状況は変化してくるだろう。いじめが発生するきっかけはさまざまに考えられるが，このいじめの四層構造ができあがるプロセスのなかで，いじめはいじめとなり，継続，もしくはエスカレートする道をたどるのである。

このいじめの発展するプロセスに着目し，いじめの定義を見直したのが，戸田ら（2008）のいじめのプロセスモデルである。戸田ら（2008）は，従来のいじめの定義の問題点として，逮捕者がでるような深刻なケースも「犯罪」と呼ばずに「いじめ」とよんできたこと，初期段階のものを「いじめ」と呼ぶことでいじめの定義とすれ違う恐れがあることを指摘している。いじめのプロセスモデルでは，いじめの初期段階を「いじめの芽」とし，継続することで「いじめ」になり，さらに深刻化することで「いじめ犯罪」となるととらえている。

また，阿形（2018）は「いじめの"認知"といじめへの"対応"を分けて考える」ことを提言している。もう少し詳しく紹介すると，いじめ防止対策推進法の定義にあてはまる事態が起きたとき，まずは学校として重要な課題であることを認識し，いじめ案件として教育委員会等に報告する一方で，いじめへの対応では，必ずしも「いじめ」という言葉を使うのではなく，仲間を大切にすることを考えさせる指導を行うことの重要性を説いている（阿形，2018）。いじめのプロセスモデルでいう「いじめの芽」の段階で，阿形（2018）の述べる対応ができていれば，いじめはそれ以上大きくならずに，つまり「いじめ」にならずにすむ。

ところで，筆者らは中学2年生にネットいじめに関する質問紙調査を行い，ネットいじめがある一定の割合でみられるものの，従来の研究結果よりはかなり少ない割合であったことを報告している（Ogura et al, 2012）。筆者は，従来の研究（内海，2010など）では，同様の調査でいじめという言葉を使

わず「攻撃」という言葉を使って調査したことが，従来の研究よりもかなり少ない割合であった理由の一つとして考えている。このことから，「いじめ」とはとらえていなくても（もしくは「いじめ」だとは言えなくても），何らかの加害・被害に関わっている子どもたちは一定割合でいることがうかがえる。このことからも，「いじめ」であるかどうかの議論よりも，①まずは対応しなくてはならないものとして「いじめ」を認知すること，②ただし，それがどのような出来事であるかで柔軟に対応を変えることの重要性がうかがえる。

Ⅲ　いじめの予防と修復を考える

1．いじめの予防と早期発見のために

1）学校でも守られている感覚をもつ

　いじめの予防と早期発見について論じるために，筆者らが行った調査研究の結果を紹介する。いじめと学校環境，自傷行為との関連を分析した結果から，①男女ともに，いじめ加害・被害ともに経験していることは，自傷行為と強く関連していること，②男子は，いじめ加害のみ，被害のみの経験をしていることも，自傷行為と強く関連していること，③女子は，いじめ加害，被害だけでなく，学校に守られている感じがしないことも自傷行為と関連していることが示された（Hamada et al, 2016）。このことから，はっきりとした結果が出ているのは女子だけではあるが，学校で守られている感覚を持つことが，いじめと関連する自傷行為を軽減する可能性が示唆されている。この研究結果と森田・清永（1994）が述べているいじめの四層構造を合わせて考えると，やはり学校環境を整えて，生徒たちが学校に守られている感覚をもつことが，いじめ減少やいじめによる負の影響を最小限におさえるために有効であるといえる。

2）「助けて」と言える，「助けて」に気づく

　学校で守られている感覚をもつことと同様に，いじめの被害を受けた時に，

「助けて」と言えるかどうか，子どもたちの無言のSOSに大人が気づけるかどうかも重要である。いうまでもなく，いじめ被害を受けた時には必ずしも誰かに相談できるわけではない（小倉，2017など）。そうだとしたら，周囲の大人たちは子どもたちから助けを求められるのを待っているのではなく，「語られない」言葉に耳を傾けることがやはり重要である。大人たちは，子どもたちの変化を敏感に察知し，いじめを受けている可能性も考慮に入れつつ，まずはその子どもの状況を把握しようと努めることが大切だろう。

　さらに，実際に子どもたちから援助要請があった場合に大切にすることについても触れておきたい。たとえば，子どもたちから，友人から悪口を言われたり，誹謗中傷されたりしたという相談があったら，どのように応えるだろうか。「そんなの気にしなくていいよ」「大丈夫」「無視しなさい」，もっともっと具体的なアドバイスを大人の目からみればしたくなるかもしれない。もちろん，アドバイスをすることが間違っているわけではないが，どれほど有効なアドバイスがあるとしても，まずは本人の語りにじっくりと耳を傾けることが重要である。本人の語りにまずは耳を傾けることが，いじめ被害を受けている子どもたちの「話したい」という気持ちを高め，安全を守ることにもつながるのではないだろうか。いじめの被害について，子どもたちが，いじめの芽生えの段階（戸田・他，2008）で話をしてくれれば，それは「いじめ」にならないままに解決することもできるかもしれないし，少なくとも早期の段階で解決することができるだろう。本田（2017）は，援助要請の心理学の理論に基づいて，「助けて」が言える子ども，「助けて」に気づける援助者になるための実践的なワークと事例演習を提案しているので，ぜひ参考にしていただきたい。

3）インターネット時代に「助けて」をつなぐために

　さらに，子どもからの援助要請を高めるための一つの手段として，ソーシャル・ネットワーキング・サービス（以下，SNS）の活用方法を考えることも重要である。文部科学省は，「SNSを活用したいじめ等に関する相談体制の構築に係るワーキンググループ」を起ち上げ，SNSを活用したいじめ等に関する相談体制の効果の検証を行っている。同ワーキンググループの報告書

（文部科学省，2018）では，SNS 等を用いた相談について，「若年層にとって，日常使い慣れているコミュニケーション手段を用いることができ，文字や絵文字等を用いて自分の思いを気軽に伝えやすいとともに，スクリーンショットを用いることにより児童生徒同士の SNS 等の中でのトラブル等を正確かつ容易に相談員に伝えることができるというメリットがある一方，テキスト情報等のみであり，音声情報を伴わないことから，相談員にとって声から推測できる児童生徒の心理状態が把握しにくいとともに，絵文字の一部は個人によって用い方が異なるため，相談員が児童生徒の気持ちを誤解するおそれがあるというリスクもある」としている。

　確かに，内閣府の調査で子どもたちのインターネット利用率が小学生で65.4％，中学生で85.2％，高校生で97.1％，スマートフォン（以下，スマホ）でのインターネット利用率が小学生で23.0％，中学生で54.6％，高校生で94.1％であることが明らかにされていることを考えると（内閣府，2018），従来のような電話相談だけでなく，SNS 等での相談を受け付けることも非常に重要であろう。スマホの用途として電話を選択することは少なく，ほとんどの連絡が SNS を通じて行われる現状を考えると，相談の入り口としてSNS を利用する方がかなりの者がアクセスしやすい可能性が高い。このように SNS は連絡手段として優れているので，相談を始めるきっかけとしては非常に有用だと考えられる。そのうえで，上述されたリスクを避けるためには，あくまでも SNS は相談のきっかけとしてとらえ，「助けて」をつなぐことができた後に，電話や直接の相談に切り替えることが有用ではないか。

2.　いじめへの長期的支援

　いじめの長期的影響や長期的支援についても少しだけ触れておきたい。

　いじめ被害にあった者の中には，その体験の中で「自分は価値のない人間だ」と思うようになり，後の対人関係に影響を与えているものもいる。いじめは，あくまでも加害者に非があるのであり，決して「価値のない人間だから」いじめられたのではない。長期的な視点にたったとき，いじめ被害者への支援としては，これまでも指摘されてきているようにネガティブな認知の変容や自己肯定感の回復が一つのポイントとなろう。

いじめはいうまでもなく被害者にとってなければよかった出来事であるし，人とのつながりにネガティブな影響を与えるものだろう。しかしながら，いじめ被害者への支援や治療を考える際には，被害を受けたというネガティブな側面ばかりではなく，被害者の中にあるポジティブな側面にも目を向けることも有用である。辰己（2013）は，外傷後成長（Tedeschi & Calhoun, 2004など）という概念に着目し，いじめ被害経験から外傷後成長に向かうプロセスについて検討し，いじめ被害経験をとらえ直すことのできる支援の必要性を説いている。本人が居場所と感じることができるような安心・安全が保障された環境の中で，いじめ被害経験をとらえ直し，ネガティブな経験のなかに現在を生きるためにプラスに働く何かを見出せるための心理的支援も求められる。

Ⅳ　いじめに対応できる人材の育成

鳴門教育大学では，いじめ問題の克服に寄与する事業の実施を目的として，2015年4月から「いじめ防止支援機構（BP-CORE）」やそのBP-COREを構成する組織である生徒指導支援センターを新設し，宮城教育大学・上越教育大学・福岡教育大学とともに，いじめ問題の根本的な克服を目指していじめ防止支援プロジェクト（BPプロジェクト）に取り組んできている（国立大学法人鳴門教育大学，2015）。このプロジェクトはいじめ防止やいじめ減少のための人材の育成を主に考えているが，筆者はこれまでの研究をふまえ，教職員対象の研修や生徒指導関連の講義の中で以下のような取り組みを行っている。

この取り組みは，先ほど紹介した四層構造を意識し，ワークシート形式で，被害者，傍観者（あるいは仲介者），観衆・加害者からの相談について，それぞれどのように応えるかを考えてもらうものである。被害者からの相談に関する課題については小倉（2016）でも紹介しているが，加筆・修正したもの（小倉，2018）を鳴門教育大学生徒指導支援センター発行の「教育相談の理論と実践」に掲載しており，金子ら（2018）でも一部を紹介している。いじめに関するワークシート課題は以下の通りである。

課題1（架空事例）

　教室で一人仕事をしていると，ある一人の児童（小学5年生男子）が教室に入ってきました。おどおどした様子で周囲に誰かいないかうかがっているような様子でした。「どうしたの？」と尋ねると，少し迷ったようでしたが，「僕いじめられているんですけど，どうしたらよいですか？」と聞いてきました。

　あなたは担任以外の教師だとしたら，まず一言目に何を言いますか？

課題2（架空事例）

　中学3年生男子から以下のような相談を受けました。

　「先生，ちょっと聞いてもらって良いですか？　他の先生には絶対言わないって約束してもらえます？」「実は○○が，クラス全員から無視されているって先生知っていますか？　先生がいる前だとわからないかもしれないけど，結構露骨で。空気みたいに扱われているんです。なんとかしないとって思うけど，もし○○に話しかけたりしたら，次は自分がそんな目に遭うかと思うと怖くて…。先生どうしたらよいですか？」

　あなたが担任だとしたら，どのように応えていきますか？

課題3（架空事例）

　中学3年生の女子から，あなたは以下の相談を受けました。

　「先生，部活で，いじめがあるんです。部室の中で，○○ちゃんを真ん中において，みんなで悪口を言っている。最初は私も面白くて率先してやっていたんだけど，だんだんつらくなってきて。でも自分からやっておいて，今更抜け出すなんて言えない。先生どうすればいい？」

　あなたが担任（部活の顧問ではない）だとしたら，どのように応えていきますか？

第8章　対人関係で発生する心理的危機Ⅰ　　*133*

以下に，この課題のポイントについて述べる（小倉，2018）。まず被害者からの相談についての課題（課題1）のポイントは，被害者からの相談があった時に一言目に何と言うかを考えてもらうところである。被害者からの相談は，かなり悩んだ末になされていることが多く，同じ内容の回答であっても，一言目がどのような言葉か，どのような口調や表情で話を聴くかが大切である。次に傍観者からの相談のポイント（課題2）は，話された内容に教員が気づいているか否かで対応を変えることを考慮にいれておかなければならない点である。また，相談の内容をすべて客観的事実として受け入れるのではなく，その生徒自身がいじめを受けている（もしくはいじめ行為を行っている）可能性も考えておく必要がある。さらに加害者からの相談についての課題（課題3）の考えるポイントは，相談している生徒自身が加害者であり，指導すべき行動を起こしているという点をどのように扱うかという点である。被害者であり加害者である生徒のメンタルヘルスへの影響の深刻さが指摘されていること（Sourander et al, 2012；伊藤，2017）を考えると，メンタルヘルスも含めた生徒の状況をとらえ，スクールカウンセラーなども活用しながら，学校の中での生徒指導体制を整えることが大切である。

　この課題は，ワークシート方式で考えてもらうのも意味があるが，子ども役と先生役にわかれてロールプレイを実施できるとよい。もちろん，実際の場面とは異なるが，声の大きさやトーン，視線，間の取り方など，非言語的なものも感じることによって，ワークシートで取り組むのとはまた違った気づきがあると思われる。

　このような研修や教育実践を行ってきて，ある一定の効果を実感としては得ているが，どのような課題を行うことが，いじめ防止や減少につながっているのかの客観的な効果測定については今後の課題である。またいじめを予防するためには，いじめへの対応力のみに着目するのではなく，子どもたちの援助要請の力や社会性などを伸ばすためのさまざまな力を養成することが求められる。このように，学生あるいは現職教員の総合的な生徒指導力の養成を行うことが，教育養成系の大学としても求められている。

おわりに

　最初にも述べたが，いじめは対人関係，つまり人とのつながりの問題である。だからこそ，筆者は人とのつながりの力で発生を予防し，修復に向かうことができると信じている。おわりに代えて，いじめの発生を予防し，修復に向かうための前提として筆者が大切にしていることを述べる。

　私たちは実にさまざまな個性の集合体であり，平均から遠ければマイノリティと呼ばれる。友だちとは何か，どのように人とつながるかについても一人ひとり違ってよいはずである。しかし，実際には「こうあるべきつながり方」がどこか暗黙のルールとして存在している。そのため，「こうあるべきつながり方」がどうしても合わない子どもたちは，つながること自体が難しくなるときがある。誤解を恐れずにいえば，そのなかで排除の論理が働き，いじめの種をまいてしまうことにもなりかねない。だからこそ，一人ひとりの子どもたちが自分らしく生きることを目指すためには何が必要かを改めて考える必要がある。もちろんソーシャルスキルのように「役立つ」つながり方を学ぶことは大切だが，「こうあるべき」に振り回されてはいけない。学校でつながり方の多様性が保障されれば，対人関係の中で心理的危機に陥ることはなくなるのではないだろうか。

引用文献

阿形恒秀（2018）我が子のいじめに親としてどうかかわるか─親子で考える「共に生きる意味」．ジアース教育出版社．

Hamada S, Kaneko H, Ogura M, Yamawaki A et al（2016）Association between bullying behavior, perceived school safety and self-cutting : A Japanese population-based school survey, Child and Adolescent Mental Health，DOI : http://dx.doi.org/10.1111/camh.12200.

本田真大（2017）いじめに対する援助要請のカウンセリング─「助けて」が言える子ども，「助けて」に気づける援助者になるために．金子書房．

伊藤美奈子（2017）いじめる・いじめられる経験の背景要因に関する基礎的研究─自尊感情に着目して．教育心理学研究，65 ; 26-36.

金子一史・窪田由紀・柴田一匡・樋渡孝徳，他（2018）心理危機研究をどのように現場実践に生かすか─研究の場と臨床現場の往還．教育心理学年報，57 ; 243-249.

国立大学法人鳴門教育大学（2015）BP プロジェクト（いじめ防止支援プロジェクト）.（http://www.naruto-u.ac.jp/research/bpproject/）［2018 年 10 月 31 日閲覧］

森田洋司・清永賢二（1994）新訂版　いじめ―教室の病．金子書房.

文部省（1985）児童生徒のいじめの問題に関する指導の充実について（http://www.mext.go.jp/b_menu/hakusho/nc/t19850629001/t19850629001.html）［平成 30 年 10 月 31 日閲覧］

文部省（1995）いじめの問題への取組の徹底等について（http://www.mext.go.jp/b_menu/hakusho/nc/t19951215001/t19951215001.html）［平成 30 年 10 月 31 日閲覧］

文部科学省（2006）いじめの問題への取組の徹底について（通知）．（http://www.mext.go.jp/a_menu/shotou/seitoshidou/06102402/001.htm）［平成 30 年 10 月 31 日閲覧］

文部科学省（2018）SNS 等を活用した相談体制の構築に関する当面の考え方（最終報告）.（http://www.mext.go.jp/b_menu/shingi/chousa/shotou/131/houkoku/1404563.htm）［2018 年 10 月 31 日閲覧］

村山恭朗・伊藤大幸・浜田恵・中島俊思，他（2015）いじめ加害・被害と内在化／外在化問題との関連性，発達心理学研究，26；13-22.

内閣府（2018）『平成 29 年度　青少年のインターネット利用環境実態調査』調査結果.（https://www8.cao.go.jp/youth/youth-harm/chousa/h29/net-jittai/pdf/sokuhou.pdf）［2018 年 10 月 31 日閲覧］

岡安孝弘・高山巌（2000）中学校におけるいじめ被害者および加害者の心理的ストレス，教育心理学研究，48；410-421.

Ogura M, Hamada S, Yamawaki A, Honjo S et al（2012）IJIME among Japanese junior high school students : Traditional bullying and cyberbullying., 20th International congress of international association for child and adolescent psychiatry and allied professions.

小倉正義（2016）43 いじめ．（本城秀次・野邑健二・岡田俊編）臨床児童青年精神医学．西村書店，pp384-391.

小倉正義（2017）いじめ被害と援助要請．（水野治久・永井智・本田真大編）援助要請と被援助志向性の心理学―困っていても助けを求められない人の理解と援助．金子書房，pp.58-59.

小倉正義（2018）第 3 章教育相談の体験―臨床心理士の視点から．（国立大学法人鳴門教育大学生徒指導支援センター編）生徒指導力高度化プログラム教材・資料集第 2 集　教育相談の理論と実践．pp25-39.

Sourander A, Klomek AB, Ikonen M, Lindroosm J et al（2012）Psychosocial Risk Factors Associated With Cyberbullying Among Adolescents : A Population-Based Study. Archives of General Psychiatry, 67（7）；720-728.

辰己亮（2013）いじめ被害経験から外傷後成長に向かうプロセスに関する研究―居場所の存在に着目して．2012 年度鳴門教育大学大学院学校教育研究科修士論文（未公刊）.

Tedeschi RG & Calhoun LG（2004）Posttraumatic growth : Conceptual foundations and empirical evidence. Psychological Inquiry, 15；1-18.

戸田有一・ダグマー，ストロマイヤ・クリスティアーナ，スピール（2008）人をおいつめるいじめ―集団化と無力化のプロセス．（加藤司・谷口弘一編）対人関係のダークサイド．北大路書房，pp.117-131.

友田明美（2017）子どもの脳を傷つける親たち．NHK 出版新書．

内海しょか（2010）中学生のネットいじめ，いじめられ体験―親の統制に対する子どもの
　認知，および関係性攻撃との関連．教育心理学研究，58；12-22.

第9章

対人関係で発生する心理的危機Ⅱ
──ハラスメントの発生と修復──

●

葛　文綺

I　これまでのハラスメント研究

　昨今，官僚が起こしたセクハラ（セクシュアル・ハラスメント）問題やスポーツ界や芸能界で起ったパワハラ（パワー・ハラスメント）問題が，社会を騒がせた。一言でハラスメントと言っても，セクハラやパワハラ，アカハラ（アカデミック・ハラスメント），モラハラ（モラール・ハラスメント）とさまざまなタイプのハラスメントがあるが，一般的にハラスメントはパワーの差によるいじめや嫌がらせと説明されることが多い。日本では，1989年にセクハラが新語・流行語大賞を獲得したことで，その概念が広く知られるようになった。セクハラについては，1997年男女雇用機会均等法で事業主の配慮義務が規定され，文部省（1999）から「文部省におけるセクシュアル・ハラスメントの防止等に関する規程」および運用通知・指針が発令された。さらにパワハラについては，2009年，厚生労働省が「精神障害の労働災害を認定するための判断基準項目」に「職場のいじめ」を追加し，2012年にワーキンググループが設置され，その防止策や解決策について議論されている。2017年の男女雇用機会均等法および育児・介護休業法の改正により，事業主は職場での妊娠・出産・育児休業等を理由とした嫌がらせを防止するために必要な措置を講じることが義務づけられた。

しかし，ハラスメントは包括的な概念で，言葉自体の定義もさまざまであり，前述のように国は一定の指針を示してはいるが，法規制によってそれらを直接禁止するものは未だにない。各事業主は独自のガイドラインや規程をつくり対策を行っているが，ハラスメントの予防や対応に苦慮しているのが現状である。

　ハラスメント問題に関する研究は，1980年代に盛んに行われるようになったが，当時社会学や法学の視点からの研究が多く，またセクハラに関する研究が中心であった（福島，1989）。その後，職場におけるパワハラの研究が行われるようになり，そして2000年代に入ってから大学におけるアカハラについても，その生起実態と背景要因（小田部・他，2010）などについて研究がなされてきた。しかし，臨床現場で実際ハラスメント相談に携わっている心理職が少ないためか，ハラスメント相談における心理職の専門性を論じた研究が少なかった。その中でも，京都大学の学生総合支援センターの中川氏を中心に，大学におけるハラスメント問題（中川，2006, 2008）およびハラスメント相談と伝統的な心理援助に関する比較が行われ（中川・杉原，2010），心理援助の視点の有効性を述べる一方，ハラスメント相談は伝統的な心理援助とは明確に異なったものであると述べている。この論文は，ハラスメント相談における心理職の専門性に関する研究の先駆けといえよう。その後，葛ら（2014）は架空事例を用いて，ハラスメント相談の特徴を整理し，相談者は被害を訴える者や加害者とされる者，その他の関係者などと多岐にわたり，また相談員の能動性が求められることを挙げた。基本的に相談の実例を取り扱えないハラスメント相談の領域において，架空事例を用いた研究手法が少しずつ広がりをみせており（上原・濱田，2016；李・他，2017），実際ハラスメント相談に携わっていない心理職にとっても，どのように相談が行われているかをイメージしやすくなっているのではないだろうか。このような研究によって，より多くの心理職にハラスメント相談に関心を持ち，相談に携わり，ハラスメント相談の専門性を高めることにつながることを期待している。そのため，本章も架空のハラスメント事例を通して，ハラスメントが発生する背景やその対応について論じ，さまざまな職場でハラスメント問題に取り組んでいる方々の参考になれば幸いである。

II 架空事例

1. 事例の概要

　　○相談者 A さん，20 代　女性
　　○相談者 B 係長，40 代　男性　A さんの直属の上司
　　○相談者 C 課長，50 代　男性　A さんと B 係長が所属している課の責任
　　　者
　　○相談者が所属している職場のハラスメント相談・防止体制などの制度
　　職場にはハラスメント相談の窓口が設置されている。相談員はメンタルヘ
ルス相談を担当している臨床心理士が兼務している。相談だけではなく，調
査などのハラスメント認定に関わる手続きが行われるときは，相談員に加え，
部長以上の管理職の中から任命されたハラスメント防止委員も加わるように
なっている。

2. A さんからの相談と相談員の対応

1）A さんの相談内容

　　A さんは入社して 2 年目の若手社員。所属している部署は少人数で，一
人でさまざまな職務をこなさなければならない。仕事の内容を覚えるのに時
間がかかり，簡単な計算ミスを繰り返すこともあった。また，直属の上司で
ある係長は厳しい人で，仕事が遅かったり，単純なミスをすると，部屋中が
聞こえるような大声で叱責されてしまう。先週もミスをしたとき，係長は部
署の全員に A さんのミスを指摘するメールを送った。メールに「これで何
度目の計算間違いだ！ こんな簡単なこともできないのか！」と激しい口調
の言葉が書いてあった。このようなやり方はパワハラなのではないか，と
A さんが相談員に語った。

　　また，同じ部署の同僚とも関係が悪く，仲間外れになっている。皆がお昼
を食べに行くときも声をかけてくれないとの様子も語っていた。

　　最近朝になると，憂鬱な気持ちになったり，職場に行きたくないと思うよ

第 9 章　対人関係で発生する心理的危機 II　　*141*

うになったとの訴えがあり，週明けから仕事を休んでいる。

　Aさんが来談した目的は2点。1点目はB係長の言動はパワハラに当たるかどうかを知りたい。2点目は対応策を教えてほしい。

2）相談員の対応

　2名の相談員がAさんの話を丁寧に伺い，気持ちに共感しつつ，問題発生の経緯やAさんが取られた対応，現状などについて確認を行った。現段階ではB係長の言動がパワハラに当たるかどうかを判断することはできないが，Aさんと一緒に今後どのように対応していければよいかを一緒に考えることは可能であると伝えた。ハラスメントの認定を求めるなら「調査」という手続きがあると説明を行った。また，Aさんは職場のストレスにより食欲不振，睡眠障害，意欲の低下などのうつ状態と思われる症状がみられるので，医療機関への受診を勧めた。

　Aさんは相談員と共に今後B係長や職場の同僚とどのように接していけばよいかを考えたい，また調査については即答できないが考えてみたい，と希望したので，継続相談となった。今後の面接において，相談員はAさんが安心して仕事ができるようにサポートしながら，様子を見て可能であれば，Aさん自身の性格の特徴，強みや苦手なところも整理し，同じ状況に陥らないように自分でできることも一緒に検討していく予定となった。

　ハラスメント相談において，初回面接で確認した方がよい項目は表1に示してある（葛・他，2014）。表中ではハラスメント相談の特徴が表れている項目を◎で示した。

3．B係長からの相談と相談員の対応

1）B係長の相談内容

　Aさんが来談した翌日に，B係長が来談された。部下のAさんは入社して2年目。とにかく仕事の覚えが悪い，いくら教えてもなかなか覚えられない，分からなかったら相談してくれればよいが，相談せずに自分の理解でやってしまう。毎日のようにミスを起こしている。同僚たちも迷惑している。それで仕事のミスを指摘すると，これはパワハラではないかと逆に言われてし

表 9-1 ハラスメント相談の初回面接の確認項目（葛・他, 2014）

○来談者の立場
○主訴
◎ハラスメントと思われる事象
・いつ，どこで，何が起きたか
◎現在の状況
・来談者自身がどのように対処しているか，してきたか
・相手方との物理的，心理的関わりの密度
◎問題が起きている組織内の人物相関図
・誰かに相談したか
・周囲からのアドバイス
・力になってくれそうな人がいるか
◎相手方について
・相手方の立場，人物像
・どのような時にハラスメントと思われる行為があるかなどの行動パターン
・相手方と周囲の者との関係
○心身状態の確認
・出勤・登校できているかどうか
・保健管理室（内科と精神科の医師が常駐）を紹介する必要があるかどうか
◎来談者の希望の確認
・希望と心身の状態に合わせ，提供できる援助の説明
○継続相談の意志の確認

まった。また，ここ 1 週間体調不良で A さんは仕事を休んでいる。自分は上司として A さんとどう接したらよいかを教えてほしい，と B 係長が話した。

2）相談員の対応

　相談員 2 名は丁寧に B 係長の話を伺い，B 係長が何に困っているのか，これまでの A さんに対する対応とその効果などを確認した。B 係長は上司としての戸惑いがかなりあり，今後部下の指導方法について継続相談になった。今後の面接において，B 係長と職場のハラスメント規程を確認しながら，パワハラにあたる可能性がある言動についての対応策を一緒に考える方針とした。また，さまざまな個性をもった部下とのコミュニケーションの仕方やアンガーマネージメント，アサーションなどのプログラムも導入することとなった。

4. C課長からの相談と相談員の対応

1）C課長の相談内容

　AさんとB係長の職場の責任者C課長がB係長が来談した2日後に来談。C課長はAさんとB係長の両方から相談を受けていた。C課長は，Aさんは仕事があまりできない，コミュニケーションが取りづらい，協調性が足りないと感じていた。一方のB係長もかっとなりやすく，Aさんを叱責する声は離れた課長席からも聞こえてしまうこともあった。そのとき，ちょっとやりすぎだなと思ったが，自分が口を出すと二人にとって余計プレッシャーになってしまうのではないかと懸念して，見守ってきた。しかし先日，B係長がAさんのミスを指摘するメールを部署全員に一斉送信した件については，これはいけないと思って，B係長に注意した。その時，B係長からAさんの指導に困っている旨の相談を受け，B係長の気持ちがわからなくはないと思った。

　一方，今朝Aさんからも相談メールを受けた。Aさんは仕事を1週間以上休んでいる。メールの中で，AさんはB係長の言動はパワハラに当たるのではないか，また部署を異動したいと書いてあった。それぞれに対してどう対応したらよいか相談したいとのことであった。

2）相談員の対応

　相談員2名が丁寧に話を伺いながら，今までCさんがどのように職場のマネジメントを行ってきたのか，今後どのようにしていきたいのかなどを確認した。まず，上司としてAさんとB係長の相談に丁寧に乗るようにと助言した。また，AさんとB係長の対人関係の特徴を説明し，それぞれの特徴を踏まえた上での適切な対応をC課長と共に考えた。

　Aさんの異動の希望に対して，現状では同じ係で仕事を継続するのは難しい状況なので，今後の心身の回復を確認しつつ，異動可能な時期まで同じ課内の異なる係で働くことが可能かどうかを一緒に検討した。また，職場全体への対応として，課内でハラスメントの防止およびコミュニケーションに関する研修を行う予定となった。

Ⅲ　事例を通してみえたハラスメント相談と対応の特徴

1．ハラスメントの判断基準

　ハラスメント相談員は仮にハラスメントを認定する役割がないにしても，相談内容のハラスメント性をどのようにとらえるかによって，相談に乗るときのスタンスに影響を与えることは容易に想像できる。そのため，相談員自身がハラスメントの定義，判断基準，そして職場が設けているハラスメント関連の規程をしっかりと理解する必要がある。とはいえ，ハラスメントは，グレーゾーンから始まり，時間をかけてエスカレートしていくことが多い（杉原，2017）。事例のB係長もAさんに対して，最初のころは適切な指導を行っていたと思われるが，時間の経過とともに，B係長の指導がどんどん厳しくなり，不適切な言動につながった。この事例のように，どこからがハラスメントという線引きが難しいことが多い。また，同じ事象であっても日頃の人間関係によって判断が異なることも当然ありうる。パワハラの判例でよく参照される長崎・海上自衛隊員自殺事件では，被害者に対して同じく厳しい言葉を浴びせた上司二人のうち，片方はパワハラと判断されたが，もう片方は違法と判断されなかった。後者は日頃の被害者との良好な人間関係が認められ，被害者もこれを理解した上で指導を受けていたであろうとの判断だった（online1）。

　上記を踏まえ，これから述べるハラスメントの判断基準はあくまでも目安であり，一つひとつの事案を全体的な文脈の中でとらえ，種々の情報を総合的に判断することが望ましい。

　一般的にセクハラの判断基準は被害者側の主観的な感覚，不快と感じたかどうかが重要視されるが，これに対しパワハラやアカハラに関しては，第三者による客観的な判断が重要視される（井口・吉武，2012）。特にパワハラとアカハラにおいては，加害者とされる者の言動が人格否定や暴言暴力を伴った指導の範疇を超えたものかどうか，という客観的な判断基準が必要となる。職場では，当事者双方に役割があり，それを果たす際に，基準から逸

第9章　対人関係で発生する心理的危機Ⅱ　*145*

脱した言動があったかどうかが問題となる。一方，セクハラに関しては，職場に性的なニュアンスが含む言動を持ち込む必要性がないことから，被害者の感覚を重視し，被害者が感じている不快性が判断の基準となることが一般的である。もちろん，セクハラの場合でもどこまでが「性的なニュアンス」ととらえるかの常識的な判断が必要となる。

　パワハラやアカハラの判断は，客観的に見て指導の範疇を超えたかどうかが重要と述べたが，指導の範疇かどうかの判断がさらに難しいため，セクハラの場合と異なり，グレーゾーンが非常に多いとも言われている。そのため，今までの判例や大学の処分報道が一つの参考基準にはなるであろう。パワハラ裁判の中で職場にとって参考になる判例を一つ紹介したい。あるE市役所職員がうつ病で自殺した事件である（online2）。その職員は上司から厳しい指導を受けていた。判決文では，上司が部下を指導する際に，人前で大声を出して感情的，高圧的かつ攻撃的に叱責すること，部下の個性や能力に対する配慮が弱いこと，叱責後のフォローもないことなどは，部下の人格を傷つけ，心理的負荷を与えることであり，パワハラに当たると判断した。また，上司の指導内容には正しいことが多かったとはいえ，それを理由に指導がパワハラであること自体を否定するものではないと述べていた。このように，指導の内容が正しかったとしても，指導方法が適切でなければハラスメントにあたると判断されうる。架空事例のB係長のAさんへの指導は，指導内容は正しかったのかもしれないが，職場内での大声での叱責，また必要がないのにAさんのミスを指摘するメールを職場の全員に一斉に送ったことは適切な指導方法とはいいがたい。上記の判例に従えば，B係長の言動の一部はパワハラに当たる可能性が高く，改善する必要があろう。

2. ハラスメント相談における相談員の役割

　杉原（2017）は相談員がハラスメント相談で行うことを九つに整理し，①信頼感のある面接構造をつくる。②受容的・共感的に話を聴く。③必要な情報を出し，整理する。④必要な情報を与える。⑤対応策を一緒に検討する。⑥相談者の希望を訊く。⑦今後の見通しについて知らせる。⑧取り組みの全過程を通して相談者をサポートする。⑨ハラスメントの出来事を肯定的で積

極的な自叙伝的ストーリーに組み込む，と概括した。

　相談初期の場合，相談者は気持ちの整理ができておらず，実際起こったことに対して，どのように捉え，どのように対応したらよいかが分からないことが多い。そのため，相談員はその来談をねぎらい，いつ，どこで，どのようなことが起こっていたのかを意識して丁寧に話を聴き，その際に相談者がどのように対応していたか，結果はどうなったかなどを一つずつ確認しておく。ハラスメントの相談者はストレスフルな状況に遭い，自責の念が強かったり，無気力な状態に陥ったりしていることがある。事実確認を急ぎすぎないように，まず相談者の気持ちに寄り添うことが大事となる。場合によっては数回かけて相談者の話を伺い，気持ちがある程度落ち着いてからさまざまな情報を収集してもよい。ハラスメント相談はアセスメントの連続で，相談者の心身の状態やパーソナリティ，加害者とされる者のパーソナリティ，当事者がおかれた環境（職場の上司のマネジメント能力など），これらへのアセスメントを総合的に踏まえた上で，相談者と一緒により適切な解決方法を模索していく。

　この一連のプロセスの中では，従来の心理援助よりも相談員の能動性が求められる場合がある（葛・他，2014）。まず面接での能動性として，面接中に対応策について相談者に積極的に助言することがあげられる。相談員は職場が制定しているハラスメント防止規程に従い相談者を援助するが，相談者の要望は多岐にわたるため，規程に照らし合わせて，取り得る手続きの説明や問題解決につながる現実的な対応策を相談者と共に検討する。

　また，面接外での能動性として，環境調整などの制度を実施する際の協力者との積極的な連携があげられる。今回の架空事例の場合，C 課長は自主来談したが，場合によっては A さんや B 係長の同意を得て，相談員が C 課長に連絡することも考えられる。相談員が関係者や関係部署と情報を共有し，実現可能な対応策について話し合い，問題解決に向けて話し合うことがある。その場合，相談員は相談者と関係部署の間に齟齬がないように，慎重に双方の意思を確認し，細やかな調整をしていく。相談員の臨床の経験や調整能力が求められる。

　ハラスメント相談のもう一つの特徴は被害を訴える者,加害者とされる者,

第三者や管理職などさまざまな立場の人が来談することがあることがあげられる。相談員として今向き合っている相談者に寄り添う一方，全体を俯瞰し，客観的に状況を判断する力が求められる。すべての関係者の人権を考慮した上でとりうる最善の対応・解決策を相談者と共に考えていく。

　また一連のプロセスの中で，筆者が特に難しいと感じたことは以下の二つである。一つ目は担当者の気持ちの揺れである。一人の相談員が被害者，加害者とされた者，管理職などすべての関係者を担当した場合，異なる主張やストーリーを聴かされ，その都度気持ちが揺れ動いたりすることがある。当事者それぞれの悩みに共感しつつ，全体としてよりバランスがとれた対応・解決策を考えるのは非常に難しいことであり，ハラスメント相談の専門性の一つでもある（千賀・他，2018）。

　二つ目は加害者とされた者との面接自体の難しさである。特に自分の言動に自覚がなく，むしろ自分が加害者にされて心外，自分が被害者だと強く主張された場合，相談における信頼関係を構築すること自体が難しい。また，どのようにして少しでも再発防止につながるかという共通の目標が立てにくい。それでも，たとえば上司の命令で来談される加害者とされた者がいる場合，まずその主張にも耳を傾け，信頼関係を構築しつつ，DV加害者の心理療法に用いるプログラムなどを参考にしつつ，相談者のパーソナリティの特徴に合わせて，アンガーマネージメントや指導の仕方，良好な人間関係を構築するためのコミュニケーションの仕方などを丁寧に伝える必要がある。このような心理教育を通して，職場で起こったハラスメント事象を相談者に理解してもらい，再発防止を一緒に考えていく。一回の心理教育で相談者の言動が劇的に改善されることは難しいが，ある程度の信頼関係の構築ができれば，今後また職場で似たような状況に陥った時に，再度来談する相談者もいる。ハラスメントが起こらないことは理想ではあるが，ゼロにすることは不可能である。だからこそ，早期発見・早期対応が重要となる。行為者自身がいち早く自分の言動に疑問を持ち，助けを求めることが早期発見・早期対応に繋がる。そのため，加害者とされる者の面接に対して，相談員は何とかせねばという思いはあるにせよ，焦らずに相談者の認知や言動の特徴をよく理解した上で，相談者にあった助言を行ったり，また困ったときにいつでも相

談にきてもよいというメッセージを伝えることが大事である。

3. ハラスメントが発生する背景と予防，今後の課題

　ハラスメント問題が起こる背景はその種類によって異なり，セクハラの背景にはその人の性に関する意識やジェンダー観が影響したり，アカハラの背景には大学の研究室の閉鎖性（小田部・他，2010）や大学の専門教育における教員の立場の強さ（北仲・横山，2017）が影響したりするのである。ただし，共通していえるのは，問題が起こる背景に対人関係におけるコミュニケーションの齟齬や不足があることである。また前述したように，ハラスメントは，グレーゾーンから始まり，時間をかけてエスカレートしていくことが多い。そのグレーゾーンでの人間関係の摩擦は完全に防ぐことができない。このことを考えると，小さな摩擦あるいはコミュニケーションの齟齬が起こった時に，それをどのようにとらえ，どのように相手と意思疎通をはかるかが非常に大事になってくる。事例のB係長もAさんに対していきなり大声で怒鳴ったり，一斉メールを送信したわけではなかった。はじめは丁寧に指導していたかもしれない。少しイライラして叱責の声が大きくなりかけたとき，上司であるC課長が早めにB係長に注意すれば，あるいは，B係長自身が自分のいらだちに気づき，早めに第三者に相談して，Aさんとのコミュニケーションの仕方を工夫すれば，ハラスメント問題に発展しなかったかもしれない。

　ハラスメント言動も放置されるとどんどんエスカレートしていく構造があると思われる。パワハラの概念を日本で最初に打ち出した岡田氏は，パワハラ防止のビデオ教材を作成したときに，興味深い現象が起こったと自著で紹介している（岡田・稲尾，2011）。パワハラ上司の役を演じた役者が，最初は台本にあるパワハラ言動に尻込みをしていたが，撮影が進むにつれ役になりきり，そのうち立派なパワハラ上司になっていき，しまいには，台本にないような過激なパワハラ発言が飛び出した。その役者さん曰く，「イライラした気持ちが盛り上がって，止められなくなった」とのことであった。

　ハラスメント問題が起こったときに，どうしても当事者の問題，当事者が特別に何か特徴をもった人間だから起こってしまった，と認知されがちである。しかし，上記のハラスメントの発生背景，放置するとエスカレートする

構造を踏まえると，当事者同士だけでなく，コミュニケーションの齟齬を間に立って「通訳」してあげる，またエスカレートしていくのを止めてあげる第三者がいるかどうかが非常に大事なことになる。この第三者は身近な同僚や上司でもよいし，ハラスメント相談員でもよい。杉原（2017）が著書の中で予防の最重要ターゲットは無関心な傍観者たちと書いたように，いかに多くの人にハラスメント問題に関心を持ってもらい，問題が起こりそうなときに，いち早く当事者あるいは責任者に注意喚起を行うことが予防に繋がる。

　最後に，今後の課題を述べておきたい。ハラスメントが起こる背景にコミュニケーションの問題があると考えると，ハラスメント相談は心理職にとってその高い専門性がいかんなく発揮できる分野である。そのためには，まずより多くの心理職がハラスメントに対する強い関心を持ち，取り組んでいく必要がある。また，ハラスメント問題の予防・再発防止のために，一人でも多くの読者にこの問題に関心を持ってもらい，身近にハラスメント問題が起こりそうなときにも「通訳役」，あるいは「ブレーキ役」になってもらえることを願っている。

引用文献

福島瑞穂（1989）セクシュアル・ハラスメントと法―現行法における位置づけと今後の課題．労働法律旬報，1228；16-21.

井口博・吉武清實（2012）アカデミック・ハラスメント対策の本格展開―事案・裁判の争点／規程・体制の進化／相談・調整の要点（高等教育ハンドブック）．地域科学研究会高等教育情報センター．

葛文綺・中澤未美子・小川智美・他（2014）ハラスメント相談の専門性に関する一考察―ハラスメント相談の特徴と対応を中心に．心理臨床学研究，32（3）；359-368.

北仲千里・横山美栄子（2017）アカデミック・ハラスメントの解決―大学の常識を問い直す．寿郎社．

李明憙・葛文綺・深見久美子（2017）大学のハラスメント相談における問題解決過程とフォローアップについての一考察―修士論文を認めない指導教員の行為がハラスメントだと訴える大学院生の架空事例を通して．日本学生相談学会第35回大会論文集，47.

中川純子（2006）アカデミック・ハラスメント雑想．京都大学カウンセリングセンター紀要，35；31-40.

中川純子（2008）ハラスメントの予防的取り組みに向けて．京都大学カウンセリングセンター紀要，37；11-29.

中川純子・杉原保史（2010）ハラスメント相談における心理援助の専門的視点の意義につ

いて—大学におけるハラスメント相談窓口の経験から. 心理臨床学研究, 28 (3) ; 313-323.

岡田康子・稲尾和泉 (2011) パワーハラスメント. 日本経済新聞出版社.

小田部貴子・丸野俊一・舛田亮太 (2010) アカデミック・ハラスメントの生起実態とその背景要因の分析. 九州大学心理学研究, 11 ; 45-56.

杉原保史 (2017) 心理カウンセラーと考えるハラスメントの予防と相談—大学における相互尊重のコミュニティづくり. 北大路書房.

千賀則史・葛文綺・小柴孝子, 他 (2018) 大学におけるハラスメント相談の専門性. 日本コミュニティ心理学会第 21 回大会論文, 32-33.

上原秀子・濱田綾 (2016) キャンパスハラスメントにおける臨床心理士の役割に関する一考察—大学教職員へのヒアリングでみえること. 日本心理臨床学会第 35 回大会論文集, 133.

Online1 www.courts.go.jp/app/files/hanrei_jp/768/036768_hanrei.pdf

Online2 https://www.no-pawahara.mhlw.go.jp/foundation/judicail-precedent/archives/48

第 *3* 部

社会の危機とこころ

第 10 章

原子力災害と心理学[注1)]

●

氏家達夫

I　東京電力福島第一原子力発電所事故とその心理学的影響

1.　事故の概要

　2011 年 3 月 11 日 14 時 46 分，東北沖の太平洋で M9 の巨大地震が発生した。地震は津波を引き起こし，東北地方の太平洋沿岸部を中心に甚大な被害をもたらした。

　地震と津波は東京電力福島第一原子力発電所（通称 1F）にも甚大な被害を与えた。地震で原子炉は緊急停止したが，主電源が失われた。さらに，非常用のディーゼル発電機も津波で水没し使えなくなった。1F には，もう一つ充電式の電源があったが，それもほどなく使えなくなってしまった。原子炉は空焚き状態になり，メルトダウンがはじまった。

　1F から大気中に放出された放射性物質の量は，^{131}I が 100PBq 〜 500PBq，^{137}Cs は 6PBq 〜 20PBq であったと推定されている（United Nations, 2014）。これは，チェルノブイリ原子力発電所（ChNPP）事故で推定された大気中への放出量の約 10 〜 20％に該当する。大気中に放出された放射性物質の多

注 1）　本論で引用，利用した資料の一部は，科学研究費 16H05721 および 17H02622 の助成で収集したものである。

155

くは北西の風に流され、約80％が太平洋に沈着したとみられる（Christoudia & Lelieveld, 2013 ; Evangeliou et al, 2015)。

　地表の汚染は、事故から数日間は、1Fの周辺地域に限定されていたが、15日には、福島県を中心とする広い範囲に拡大した。15日には4号機が水素爆発していたし、2号機の格納容器に損傷が起こり大量の放射性物質が大気中に放出されていた。その日の午後から夜にかけて、風向きは南東に変わり、さらに飯舘や福島中通りの北部には雨やみぞれが降った。空中に放出され、風に流されていた放射性物質は、雨やみぞれとともに地表に降下、沈着し、広範囲を汚染したのである。

2. 日本政府の対策とその根拠

　政府は、同日の19時03分に原子力緊急事態宣言を発令した。最初の避難指示は同日21時23分に1Fから半径3km圏内の住民に出され、半径10km圏内の住民には屋内退避を指示した。12日には、避難区域は半径10kmに拡大し、同日半径20km圏内に拡大した[注2]。3月15日には、半径20〜30km圏内に屋内退避を指示した。避難指示による避難者は、3月15日時点で約6.3万人、8月末には約11.5万人に上った。

　その後政府は、3月25日に、屋内退避指示区域の市町村に自主避難の促進を要請した。4月22日には、年間の実効線量が20mSvを超えそうかどうかを基準に、警戒区域、計画的避難区域、緊急時避難準備区域の三つが設定された。6月以降、特定避難勧奨地点が設定された。

　8月30日に、年間の実効線量が20mSv未満である地域については、長期的目標として追加被ばく量を年間1mSv以下にすることを目指す放射性物質汚染対処特措法が公布された。それに伴い、年間の追加被ばく量が1mSvを超える地域は除染されることになった。

注2) 3月12日には、第二原子力発電所についても原子力緊急事態宣言が発令され、原発から半径3km圏内に避難指示、半径10km圏内に屋内退避指示が出された。同日のうちに、半径10km圏内に拡大された。ただし、避難区域は1Fのものとほぼ重なるので、本章では第二原子力発電所についての避難は取り扱わない。

156　第3部　社会の危機とこころ

12月16日，政府は，原子炉が安定状態を達成し，放射性物質による被ばくが一定レベル以下に管理可能になったとして，ICRPの「緊急時被ばく状況」から「現存的被ばく状況」へと移行すると発表し，避難区域の見直しが行われることになった。ここから，避難区域の住民の帰還が図られるようになったのである。

3. 1F 事故の被災者

1F事故の影響を受けた人々は，除染作業員を含む原発作業員，避難対象区域（警戒区域，計画的避難区域，特定避難勧奨地点）の住民，そして「放射性物質対処特措法」による除染対象地域の住民の3種類に分けることができる。しかし，実はこの区分けは意味がない。なぜなら，福島県の調査によれば，避難対象地域の住民とそれ以外の地域の住民の被ばく量や将来的な健康リスクに差はほとんどないとされている（United Nations, 2014 ; World Health Organization, 2013）からである。避難が完了した時点で，原発作業員を除くすべての住民は，政府や国際機関の規準に照らすと，健康への影響がほとんどない低線量汚染地域に生活していることになる。本章では，除染対象とはなるが，居住することに問題はないとされる低線量地域に暮らす人々を1F事故の被災者と呼ぶことにする。

1F事故の被災者は，福島県だけでも100万人を超える。被災者は福島県内に限定されない。岩手県や宮城県，栃木県，群馬県，茨城県，千葉県，東京都など広い範囲に存在している。ただし，本章では，公的な対策の対象となり，しかもさまざまな調査データがある福島県の被災者にのみ焦点を当てることにする。

4. 福島の人々の反応

政府や県の認識では，すべての国（県）民は安全に守られている。保守的な基準値で避難や除染が行われたし，飲料水や食べ物についても保守的な基準値が設けられ，追加被ばくを防ぐため徹底した検査体制が敷かれた。流通している飲料水や食品から基準値を超える線量は検出されない。

このような政府や県の認識は，世界保健機関（WHO）や原子放射線の影

響に関する国連科学委員会（UNSCEAR）などの国際機関の公式見解に沿ったものである。World Health Organization（2013）も United Nations（2014）も，原発事故による放射線被ばくによるがんやがん以外の疾病の発生率は低く，自然発生率との間に統計学的に有意な差を見出すことはできないだろうとしている。

　しかし，1F 事故の被災者は，決して安心できているわけではなかった。成（2015）は，中通りと呼ばれる地域に住む 3 歳児とその母親を対象に，事故直後と半年後，そして 2 年後の生活の変化を比較した。その結果，事故から 2 年経っても，外遊びの制限，地元産の食材を使わない，洗濯物を外に干さないなどの対策をとる保護者が約半数いることがわかった。また，福島大学の心理学者チームは，2011 年から毎年，福島県内の幼稚園児や小学生の親を対象に，ストレス反応や放射能に対する不安についての調査を行ってきた。その結果，どの時点でも，他県に比べて福島県内の親はストレスや放射性物質に対する不安が高いことが示されている。2016 年時点でも，対照群として調査した他県の親より有意に，子どもを外で遊ばせないし，子どもが口にするものに気を使っていた（筒井，2017）。除染が進行し，空間線量も低下した 2016 年には，子どもの外遊びを規制する意味はないし，汚染された食品や水は流通していないのだから，食べるものに気を使うことに合理的な意味はない。

　朝日新聞と福島放送が行った世論調査も，県民の不安の根強さを示している。2018 年 2 月に朝日新聞と福島放送が福島県民約 1,000 人に行った調査によれば，事故による放射性物質が自身や家族に与える影響への不安を持つ人は回答者の 66％に達した（朝日新聞，2018 年 3 月 3 日付朝刊記事）。その記事によれば，不安と回答した人の割合は，2012 年の調査時点では 80％弱だったので，低下してきてはいるものの，不安を感じる人々がまだ多いといえるだろう。

II　原子力災害に対する人々の反応——先行知見

1.　何が問題か？

　事故が起きた時，健康影響を心配することに科学的合理性がないとされる地域に暮らす4万人もの人々がなぜ避難行動をとったのだろうか？　事故から5～7年経過していてもなお，放射線被ばくの健康影響に不安を持ち，ストレスを強く示し続けるのはなぜなのだろうか？

　現時点では，この問いに直接答えることは不可能であるが，一つの仮説を提起することはできる。それは，スリーマイル島原発（TMI）事故やChNPP事故などの原子力災害や，有害化学物質の漏洩事故のような，一般的に技術的災害と呼ばれている災害の被災者の反応や行動についての研究から明らかになってきた知見や理論が，福島の人々の事故や事故後の影響についての反応を説明するというものである。原子力災害を含む技術的災害下で人々が示す反応や行動には共通性が多い。技術的災害は，それ自体の性質として，人々を心理的に混乱させ，しかも心理的混乱を長期化させると考えられる。

2.　ChNPP事故の被災者——低線量地域の人々の反応

　ChNPP事故で避難，移住した人は約35万人とされている（United Nations, 2002）。しかし，事故の影響を受けたのは，生活するのが危険とされた地域の人々だけではなかった。IAEA（2006）によれば，避難・移住の必要がない低いレベルの放射線被ばくした人々は，ロシア，ウクライナ，ベラルーシで合わせて500万人を超えた。

　これら低線量被ばくした人々を対象とした調査がいくつかある。その一つは，1990年の国際チェルノブイリプロジェクトによるもので，その結果によると，汚染地域（185KBq/m^{2}以上）に暮らす人々の45％が，放射線被ばくのために病気になったと報告した一方で，非汚染地域（185KBq/m^{2}未満）の住民の30％も，放射線被ばくのために病気になったと報告していた（Lee,

1996）。

同様の傾向は，Havenaar と共同研究者によっても報告されている（Havenaar et al, 1996, 1997）。Havenaar らによれば，ベラルーシやロシアでは，事故から6年以上経過しても，被災住民だけでなく非被災住民（避難や移住の必要のない地域の住民）にも，事故の影響による精神健康上の問題が高い割合で見られている。Havenaar ら（1996）では，研究対象は，汚染の程度が異なる三つの地域から集められたが，汚染の程度と精神健康度との関連はいずれの指標でも有意ではなかった。唯一有意傾向が認められた GHQ-12 についても，三つの地域間の違いはわずか（カットオフポイントである2を超えた人の割合はそれぞれ 62.7%，67.8%，71.6%）であった。

ChNPP 事故の影響は，ロシアやウクライナ，ベラルーシでは 20 年も継続することがわかっている（IAEA, 2006）。

3. スウェーデンの人々の反応

ChNPP 事故は，ウクライナ，ロシア，ベラルーシだけでなく，ヨーロッパ全土を汚染した。特にフィンランド，スウェーデン，ノルウェーは，旧ソ連を除くと，ChNPP 事故の影響をもっとも強く受けたとされている。本章では，ストックホルム商科大学の佐藤吉宗博士や ChNPP 事故の時，スウェーデン放射線防護庁の職員として事故対応に当たった L. Moberg 博士，さらにノルウェー科学技術大学の B-M. Drottz-Sjöberg 教授の協力で，事故当時についての多くの資料を利用できたスウェーデンに焦点を当てる。

Moberg 博士によると，スウェーデンに降下した放射性物質は ^{137}Cs で 4.25PBq であり，事故で放出された ^{137}Cs のおよそ5%に該当した。地表の汚染は最高地点で 200KBq/m^2 に達した（FOI et al, 2002/2012）。文部科学省第5次航空機モニタリング結果によれば，福島市では最高地点は 500KBq/m^2 程度であったから，汚染レベルとしては福島市と同程度か少し低いものであった。

Fahlen と Hammarström（1989）は，スウェーデンの中で汚染の強かった二つの町で，事故から3年後のライフスタイルの変化を調査した結果，住民が公的な勧告より保守的な食習慣や生活スタイルを維持していたことが明

らかになった。Fahlen は 1986 年の秋に，同じ町で，事故が住民のライフスタイルに及ぼした影響を調べていた。1989 年には，自家栽培の野菜やベリー類，キノコ類，淡水魚，ヘラジカの肉，牛乳などを摂取しない人の割合は減ってきているものの，淡水魚についてはほとんど変化していなかったし，ベリー類については 3 分の 1 を超える人々が，キノコについては約半分の人々が摂取しなくなったか摂取量を減らしたままだった。スウェーデンではレジャーフィッシングやベリー摘み，キノコ採りを楽しむ人が多かった。しかし，事故から 3 年後でも，ベリー摘みをしなくなったか回数を減らした人は 30% を超えていたし，キノコ採りや魚釣りについては半数を超える人が，止めるか回数を減らしていた。

　スウェーデン防衛研究所は，放射性物質の降下に対する心理的反応を調べるため，1998 年秋から 1999 年の初めにかけて面接調査を行った（Enander, 2000）。汚染の強かった地域の住民には，事故から 10 年以上経過していてもまだ心理的影響が色濃く残っていたと報告されている。

4. シャドウ・エバキュエーション（公式の避難指示外の避難）

　大きな災害では，当局から避難指示が出されていない地域からも多くの人々が避難することが知られている。これは，シャドウ・エバキュエーションと呼ばれ，しばしば道路の渋滞を招き，必要な避難を邪魔するものとみなされている。Erikson（1990）によれば，Three Mile Island（TMI）原子力発電所事故の時，ペンシルベニア州知事は妊婦や幼い子どもなど約 3,500 人に避難を勧めた。それ以外の住民には，屋内退避を指示した。しかし，家にいるよう勧められた住民のうち実際に家に残ったのは約 60 人だけであった。20 万にも上る住民が避難行動をとり，彼らは平均して原発から 160 キロも離れた地点まで避難していた。

　ノルディック諸国では当局から避難指示は出されなかった。しかし，スウェーデンでも，公式な報告はないものの，自主的に避難した人々は決して少なくなかったと思われる。たとえば，スウェーデンで汚染の高かった地域の一つであるイェーヴレの住民の一人によれば，「多くの人たちは自分の子どもをイェーヴレの街から別の場所に移そうとした」し，その人自身も「一

第 10 章　原子力災害と心理学　*161*

番下の，7歳になる娘を3週間，あまり被害を受けていない地域に送った」という（Höijer, 1987）。佐藤氏によれば，Aftonbladet（タブロイド紙）が「イェーヴレの住人が避難」という見出しの記事を5月21日に出していたし，Anérの日記には，イェーヴレから母親が2歳半の息子を連れて避難という記述があるし，Löfvebergの日記には，行政機関や専門家が避難は不要だといくら説明しても納得せずに，一時的避難を決める家庭があったと書かれているという。ただし，いずれもそのような事例があったというものであり，自主避難者が実際にどのくらいいたのかは判然としない。

Ⅲ　原子力災害への人々の反応の特徴と構造

1. 原子力災害への人々の反応

　前節で示したように，1F事故に対する福島の人々の反応や行動は決して特異ではなかった。World Health Organization（2006）は，ChNPP事故の心理的影響に関する調査結果が，広島と長崎の原爆の生存者や，TMI事故の被災者だけでなく，さまざまな有害物質に曝露した被災者についての研究から得られたものと一致しているとしているが，その指摘は1F事故に対して福島の人々が示した反応や行動についても当てはまると考えてよいだろう。

　放射能や有害な化学物質のような人工物による汚染に対して人々が示す反応や行動を説明するために，二つの理論枠組みが提案されてきている。一つはより根源的な説明（Erikson, 1990 ; Weisath et al, 2002）であり，もう一つは実証的研究から明らかになったリスク知覚の構造にもとづく説明（Slovic, 1987）である。これらは，技術的災害の影響がなぜ長期化しやすいかについての説明も提供してくれる。

　Erikson（1990）によれば，原発事故による放射能汚染は，人類にとって経験のない脅威である。人々は，疫病や干ばつ，飢饉，洪水などの災害に繰り返しさらされてきた。人類は，自然に起こるさまざまな災害に対して適応するための戦略を進化させてきたが，放射性物質や有害な化学物質によ

162　　第3部　社会の危機とこころ

る汚染では，それらの適応戦略は必ずしも適応的ではない（Weisath et al, 2002）。それらは，いつ汚染されたのか，どの程度汚染されたのかがはっきりしないことが多い。たとえば，スウェーデンのイェーヴレのある女性は，ヨウ素剤を買うために街に出たことを後悔していた。雨が降っているときに外出すべきではないという勧告を後で聞いたからである（Höijer, 1987）。福島の人々にとっても事態はさほど違わなかった。福島市で放射性物質が降下した時に外で雨に濡れていた人は，自分が放射性物質に被ばくしたことをまったく知らなかった。その事実は後でニュースやニュースを見た人によって知ることとなったのである。

　人々は，放射能ががんを引き起こすことや遺伝的な問題の引き金になるということを知っている。しかし，放射線被ばくの影響は，確定的なものを除くと，いつどのような形で現れるのかを予見することがむずかしい。もし事故が伏せられ，汚染していることを知らされなかったとしたら，われわれは，危険にさらされていることにすら気づかないかもしれない。原子力災害は静かな災害なのである（Weisath et al, 2002）。

　放射性物質や有害な化学物質への曝露は，被災者に長期的な心理学的影響を与えるが，その症状はトラウマ後ストレス症候群（PTSD）とは異なっている。放射性物質や有害な化学物質への曝露は過去のできごとにより引き起こされたものではあるが，過去に起こったできごとそのものが人々を苦しめるわけではない。被ばくしたことがこれから引き起こすかもしれない身体的問題に人々は怯える。Speckhard（2006）によれば，ChNPP 事故の被災者が，被ばくした時のことを思い出す（フラッシュバック）のではなく，これから起こることに怯えるフラッシュフォワードを経験する。しかし，どのような問題が起こるのか，そしてそれはいつのことなのかをわれわれはあらかじめ知ることがむずかしい。したがって，人々は，不特定の身体的変調を被ばくと関連づけるし，不特定の身体的変調に過敏になりやすい。

2. リスク知覚の構造

　Slovic（1987）によれば，われわれのリスク知覚は，そのできごとが観察可能かどうかという次元とコントロール可能かどうかという次元からなる。

Slovic のモデルにしたがえば，原発事故による放射線被ばくに対してわれわれは，リスクが大きいと知覚しやすい。放射能をわれわれは五感で感知できないだけでなく，その影響を正確に予見できない。しかも，低線量被ばくの健康影響について研究者間にコンセンサスはない。福島の人々が受けた放射線被ばく量は小さく，身体的影響があるといっても被ばくの影響として検出できない程度のものである（United Nations, 2014 ; World Health Organization, 2013）という説明は，それだけで人々を安心させるものではない。それは，決して低線量であれば放射線被ばくしてもがんにならないといっているわけではないし，低線量でも深刻な影響があるとする主張さえある（バズビー，2012 ; Claussen & Rosen, 2016 ; Rosen et al, 2014 ; Yablokov et al, 2009/2017）からである。

　人々は，自然にないものや自然を妨害するものをより危険と知覚しやすい（Drottz-Sjoberg, 2017）。Erikson（1990）は，自然災害と技術的災害の対比を行っている。自然災害は神の御業であり，自然の気まぐれとして認識される。それらはわれわれに起こるのであり，それらはわれわれの計り知れないところからやってくる。それに対して原発事故のような技術的災害は，人が引き起こしたものであり，防ぐことができたものである。自然災害であれば観念するしかないが，技術的災害では道義的な憤慨を引き起こす。

Ⅳ　信用危機

1．情報危機

　原子力災害に対する人々の反応や行動は，政府や専門機関から出される情報の信用性と深く関わっている。災害時においては，情報には与え手と受け手が比較的明確に存在することが多い。与え手はおもに科学者や行政の担当者であり，受け手は一般市民である。しばしば与え手と受け手の間で，コミュニケーションの断絶や混乱が起こり，専門家や専門機関の出す情報は信用を失ってしまう。Nohrstedt（1991）は，そのような事態がスウェーデンで起こり，市民の心理的混乱を引き起こしたとしている。Nohrstedt は，そのよ

164　　第 3 部　社会の危機とこころ

うな事態を情報危機と呼んだ。

スウェーデンでは，汚染の状況を逐一市民に周知するという情報戦略をとった。しかし，専門機関の情報戦略は，人々を安心させ，心理的混乱を防ぐという点で効果的ではなかった。スウェーデンの情報戦略の失敗について，Nohrstedt（1991）にもとづいてその概略をまとめてみよう。

すべての情報は放射線防護庁（SSI）からマスコミを通じて発表された。しかし，SSIから出された情報は，ジャーナリストや市民にとって理解しにくいものであった。SSIには，ジャーナリストや市民に理解できるような説明をする能力がなく，ジャーナリストや市民はSSIの出す情報の意味を理解するために必要な知識を持っていなかった。SSIと市民は，お互いに理解しあうための共通言語を持っていなかったのである。

SSIの出す情報は信用されなくなっていった。しかし，放射線量についての情報やその危険性についての判断はSSIに委ねられていたので，SSIへの不信は，情報の混乱を引き起こすことになった。さまざまな人々がマスコミに登場し，汚染の危険性についてさまざまな意見を表明するようになった。また，SSIが，恐れるような理由はないと表明すればするほど，SSIは事実を隠し人々を鎮めようとしているに違いないという確信を人々に持たせ，強めることになった。事故後に出された一連の測定結果やそれにもとづいた専門機関からの勧告が一般市民に十分に理解されず，一部の住民は，事故についての重要な事実が隠されているのではないかとさえ感じていた。

2. ストレッサーとしての情報

しばしば，政府や専門家は，意図せず誤ったメッセージを市民に伝えてしまう。さまざまな対策，たとえば除染は，人々の安心を高めるより，自分たちが深刻な被ばくをしてしまったと思い込ませるように働きかねない（Lee, 1996 ; United Nations, 2011）。

情報は，あいまいな状況でどのように行動するのがよいかを判断するために有効である。たとえば，SSIのホールボディーカウンター計測に参加した住民は，計測に参加し，SSIの専門家と話すことで，「実際に何が起きて，その影響についてこれまでにどのようなことがわかっているのかを学ぶ機

会」となったと述べていた（Enander, 2000）。一方で，知識はストレッサーにもなる。Enander（2000）によれば，「自身の計測結果の時間的推移を追うたびに事故のことを思い出さざるを得ない」ものでもあった。

　静かな災害は，自分たちが知らずに放射線被ばくしてしまったと知ったときに牙をむく。それはわれわれを恐怖に陥れ，不安を引き起こす。Greenら（1994）は，人々が原子力災害時に示す心理的症状に対して，放射能汚染を知らされたことで引き起こされた症候群という診断カテゴリを提案した。

　われわれのできごと知覚は，多くの場合歪んでいる。われわれは期待していることを見ようとするし，その時喚起された感情はできごと知覚を制御する。自分たちが放射能や有害な化学物質で汚染されたと知ったとき，われわれは強い恐怖を経験する。Erikson（1990）はいくつもの形容詞をつなげて，その恐怖を表現している。Eriksonのことばを借りると，TMI事故は人々に，「深く深い恐怖（a deep and profound dread）」や「純粋で完全な，そしてまさに本質的な恐怖（pure dread, perfect dread, the very essence of dread）」を引き起こした。恐怖は，その後の情報処理や行動を方向づける。恐怖に方向づけられて形成されたできごとに対する態度は，それを打ち消すような情報が後で提供されても簡単に変化しない（Speckherd, 2006）。人々は，それを打ち消すような情報を信じない（Nohrstedt, 1991）し，そもそもそのような情報にアクセスしにくくなる。

3. 多くの異論

　原子力災害の不確実性は，多くの「真実」を生み出す。WHOや国際原子力機関（IAEA），UNSCEARは，子どもの甲状腺がんを除いてChNPP事故の健康影響を認めていない。多くの健康被害が出ているという報告は多い（Yablokov et al, 2009/2017）が，旧ソ連では疫学が発達していなかったため，それらの報告の多くには方法論上の問題があり，科学論文とは見なされていない。そのため，それらの報告はWHOやIAEA，UNSCEARの結論に影響をまったく及ぼしていない。また，低線量被ばくの健康影響について，UNSCEARやWHOとヨーロッパ放射線委員会（ECRR）や核戦争防止国際医師会議（IPPNW）などの科学者団体は異なった前提やモデルを用いて，

166　第3部　社会の危機とこころ

それぞれ異なった結論を導いている（バズビー，2012；Claussen & Rosen, 2016；Rosen et al, 2014）。

事態は，単に「藪の中」という状況にあるというだけでなく，隠ぺい説や陰謀説まで取り沙汰される。たとえば，バズビー（2012）には次のような記述がある。「チェルノブイリ事故後，旧ソ連政府は，健康への被害を隠蔽しました。福島でもそれは起きていることでしょう。その証拠に，福島第一原発の放射能の影響のある地域で，小児白血病や先天性奇形が増加しているという報告がまったくありません」(p.153)。Tchertkoff (2006/2015) によれば，IAEA（1991）のコメントは嘘であった。「しかし今日，私たちがはるかに注目すべきなのは，自由で民主主義的と言われる西側世界のついてきた嘘である。チェルノブイリ事故を取り上げただけでも，西側世界の情報隠ぺいによって，何百万人もの農民とその子孫たちが核に苦しみ，そして残虐な死を宣告されてきたのだから」(p.142)。

WHO の結論の信頼性も疑われている。WHO は IAEA との協定に縛られており，少なくとも原子力分野では独立性を持たない。また，ICRP は，そもそもアメリカ政府が設置したアメリカ放射線防護審議会（NCRP）を前身とするが，NCRP は核被ばく許容基準を核の研究と発展を阻害しない程度に制定していた組織だったというのである（Tchertkoff, 2006/2015）。

4. 信用危機

人々は何を信じたらよいのだろうか？　危険性は限りなく小さいという公式見解は，人々のできごとに対する感覚や信念と合っていないだけでなく，何も問題はないという公式発表は重大な事実を隠しているのではないかという疑心を生みさえする。

ChNPP 事故後に起こった事態は，まさに信用危機といってよいだろう。信用危機は，旧ソ連だけでなく，スウェーデンでさえ起きた。しかし，深刻な影響を強調する言説を信じることにそれほどの適応性があるとも思えない。もしそのような警告を信じれば，人々は出口のない不安や恐怖のトンネルに入り込んでしまうことだろう。子どもの甲状腺がんを引き起こすとされる ^{131}I の半減期は短く，事故直後の防護が重要である。しかし，それは

第 10 章　原子力災害と心理学　**167**

ChNPP 事故でも 1F 事故でもなされなかった。わずかな被ばくでも深刻な影響があるという警告は，多くの市民にもう手遅れだと宣告するに等しいのだから。

　われわれは，怯えすぎると心理的に凍り付いてしまう。すべきことやできるはずのことも含めて，人々は能動性を失い，効力感が低下する。Hobfoll ら（2007）によると，大災害の被災者に対する支援がすべきことは五つある。安全だという感覚を高めること，平静さをもたせること，自己効力感や集団的効力感を高めること，他者や社会とのつながりを強めること，希望をもてるようにすること。ChNPP 事故後の旧ソ連圏では，それらの多くは失敗に終わった。また，1F 事故でも，政府や県，専門機関の公式見解が信用を失い，反面人々の恐怖や不安は高められた。本章では議論しなかったが，避難を巡るさまざまな問題は，地域を分断し，被災者を分断してしまった。ウクライナでは，事故から 5 ～ 10 年経過する間に被害者シンドロームが生まれたといわれている（Baloga et al, 2006）が，福島の人々も，類似の心理状況を発達させてしまう恐れがないわけではない。

V　解決はあるのか？

1.　社会の準備性の欠如

　ChNPP 事故が被災した人々に及ぼした心理学的影響について，スウェーデンでもウクライナでも，さまざまな研究が行われた。それらは，1F 事故の時に教訓として活かされるべきものであったが，これまで見てきたように，それらが活用されることはほとんどなかった。地震や津波の大きさは確かに想定外であったかもしれない。しかし，原発が一度事故を起こすと，人々がどのように反応し，行動するのかについての想定が存在していなかった。日本社会には，原発事故に対する備えがまったくなかったのである。

　原子力や放射線医学の専門家は，人々に理解でき，人々が適切にリスクを評価し適応的に行動するために利用可能な情報を提供できなかった。Nohrstedt（1991）が指摘したように，専門家は，市民リテラシーを明らか

に欠いていた。専門家は，人々が原子力災害に対して抱く純粋ともいえる恐怖心（Erikson, 1990）を理解できなかった。佐藤氏によると，スウェーデンで情報戦略の最前線で活動した Löfveberg の日記には，SSI の説明がマスコミや市民に理解されず，受け入れられなかったことへの不満ともいえる記述が見られるという。同様の不満は日本でも見られている（柴田，2012）。柴田はその本のあとがきで，リスクコミュニケーションがうまくいかず，人々の不安が強められてしまった要因として，人々の反応や行動の問題を三つ指摘している。確率やリスクの考え方が理解されない（安全か危険かの二者択一を迫る傾向がある），統計リテラシーの欠如；論理的思考の欠如である。

　柴田は，政府が歴史に学ばなかったために，人々の心理的混乱を駆り立てたと指摘しているが，その批判は，市民とリスクコミュニケーションする立場の専門家にもそのまま当てはまる。原子力災害の時に人々がどのように反応し行動するか，それにどのような要因が関わるかについて，TMI 事故やChNPP 事故後のさまざまな社会科学的研究が明らかにしてきているが，原子力や放射線医学の専門家にそのような知識はなかった。おそらく彼らには，人についての知識，とりわけ危機的状況に置かれた時の人の振る舞いについての知識は皆無だったに違いない。

　たとえば，確率やリスクが理解されないと柴田は指摘したが，それは正しくない。専門家が考慮するリスクは，一人ひとりの市民が自身や子どもを守るために考慮しなければならないリスクとは違う（Perko, 2014）。公衆保護の観点では，100mSv の被ばくで起こるとされる 0.5％のがん死の増加は，自然に発生するがんによる死亡率と区別がつかないのだから，そこに対策の力点を置くのは合理的ではないし，恐れるのは不合理かもしれない。しかし，市民の視点に立てば，事態はまったく異なる。亡くなるかもしれない一人ひとりは，統計学上の誤差ではない。次の文章は，1963 年 7 月に，アメリカのケネディ大統領が国民向けに大気内核実験廃止の必要性を説明した演説の1 節である。それは，冷戦のさなかの演説であり，リスクコミュニケーションでもあった。

　　「骨に癌があり，白血病にかかり，肺を毒性物質に侵された子どもたちや

孫たちの数は，ふつうの健康被害との対比では統計的に少ないと思えるか
もしれません。しかしこれは自然に起きた健康被害でも，また単なる統計
学上の問題でもありません。亡くなるのがたった一人の命でも，また私た
ちが死んだ後に生まれるのがたった一人の奇形を持った赤ん坊であって
も，私たち全員にとって憂慮すべき問題なのです。私たちの子どもたちや
孫たちは，私たちが無頓着でいられるような単なる統計学上の問題ではな
いのです」。

(John. F. Kennedy Presidential Library and Museum：氏家訳)

　原子力災害に対する準備性を欠いていたのは，専門家や政策の決定者たち
だけではなかった。市民やジャーナリストも，放射能についての十分な知識
をもっていなかった。批判を恐れずいえば，少なくとも原発が立地する地域
の住民は，原発事故は起きると想定しておくべきだったのかもしれない。さ
らに，事故がどんなことを引き起こすのか，事故に責任をもつべき事業者や
政府，専門機関などがどのように行動するかについてもっと意識しておくべ
きだったのかもしれない。それらのことについての警告を，われわれはすで
に十分に得ていたのだから。

2. 解決は可能か？

　ChNPP 事故後に起こったことを教訓にするとすれば，1F 事故の影響は今
後も長い間続く。危機は今も進行中であり，時間の経過とともに事態はより
複雑化していくと予想できる。したがって，原子力災害によって引き起こさ
れている危機的状況をうまくマネジメントし，下方螺旋を食い止めることは，
現在では非常にむずかしい挑戦となるだろう。しかし，決して不可能ではな
い。
　ここまで述べてきたように，原子力災害は心理学的現象という側面を持つ。
原子力災害の影響は，身体的健康だけでなく心理学的問題としても現れる。
そして，原子力災害によって生み出される危機的状況をマネジメントするた
めに心理学の知見やスキルが不可欠でもある。原子力災害は，それ自体強い
恐怖や不安を人々に引き起こす。原子力災害では，政府や専門家への，ある

170　第 3 部　社会の危機とこころ

いは彼らが提供する情報への信頼性を揺るがし，人々を心理学的に混乱させるような状況が生まれやすい。人々の心理学的混乱は，災害で生まれた社会や個人の脆弱性をさらに強めることになる。

　国や県による情報提供やリスクコミュニケーションの多くは，事態が危険ではないというメッセージを市民に伝えることに力点を置いていたが，そのようなメッセージが人々にどのように受け止められるのかを，危機マネジメントの担当者は十分に承知しておかなければならなかったのである。科学者にとって当たり前の確率論やリスクの考え方が市民に通用しない理由や，危機的状況においてわれわれがとる行動が科学者とは異なった論理にもとづいているということを，危機マネジメントやリスクコミュニケーションの担当者は理解しておく必要がある。

　原子力災害に対処するために必要な専門家は，原子力や放射線医学，疫学といった自然科学者だけでは不足である。原子力災害に効果的に対処するためには，危機的状況下における人々がどのようにリスクを知覚し，どのように行動するのか，人々がどのような情報を求め，どのようにそれを伝えればよいのかといった心理学的知識が不可欠となる。同時に，実際に市民の前に立つときには，コミュニケーションの技術や知識も不可欠である。効果的な広報戦略を立てるためには，市民についての知識が不可欠であり，心理学を含む社会科学の専門家の積極的な関与が必要となるだろう。

　原子力災害では関係者間の分断が起こりやすい（Weisath et al, 2002）し，1F 事故でもさまざまなレベルでの分断が起こっている（前田，2018）。多くの関係者が対立しながらも問題解決に向けて議論できるようなプラットフォーム（柴田，2012）が今後ますます重要になるが，そこでは，いわば異なったことばや信念を持つ人々をつなぐ橋渡し役（インタプリター）の存在が重要になると思われる。あるいは，そのような能力を持つ人材が求められるのではないだろうか。事実や真理を明らかにする専門性とそれを人々に伝え活用する専門性は別であるし，異なった専門性や利害関係にある人々をつなぐ専門性も異なるに違いない。

引用文献

朝日新聞（2018）3月3日付朝刊記事．

Baloga VI, Kholosha VI, Evdin OM, Perepelyatnykova LV et al（2006）Twenty years after Chornobyl Catastrophe : Future outlook. National Report of Ukraine, Kyiv.

クリス・バズビー（飯塚真紀子訳）（2012）封印された「放射能」の恐怖─フクシマ事故で何人ががんになるのか．講談社．

Christoudias T & Lelieveld J（2013）Modelling the global atmospheric transport and deposition of radionuclides from the Fukushima Dai-ichi nuclear accident. Atmos Chem Phys, 13 ; 1425-2013.

Claussen A & Rosen A（2016）30 years living with Chernobyl 5 years living with Fukushima : Health effects of the nuclear disasters in Chernobyl and Fukushima. IPPNW, Berlin.

Drottz-Sjoberg BM（2017）Reactions to risk-Are lessons from the Chernobyl accident relevant in our time? 福島県立医科大学セミナー発表資料．

Enander A（2000）Psykologiska reaktioner vid radioaktivt nedfall från en karnenergiolycka-ett svenskt beredskapsperspektiv. Forsvarshogskolan Ledarskapsinstitutionen, Sundbyberg.

Erikson K（1990）Toxic reckoning : Business faces a new kind of fear, Harvard Bus Rev, 68 ; 118-126.

Evangeliou N, Balkanski Y, Florou H et al（2015）Global deposition and transport efficiencies of radioactive species with respect to modelling credibility after Fukushima（Japan, 2011）. J Environ Radioact, 149 ; 164-175.

Fahlen G & Hammarström L（1989）Hur påverkas våra levnadsvanor i Kramfors och Sollefteå tre år efter Tjernobylolyckan? Samhällsmedicinska avdelningen, Västernorrlands läns landsting.

FOI, SLU, Livsmedels Verket, Jordbruks Verket, Statens Stralskyddinstite（2002）Livsmedelsproduktionen vid nedfall av radioaktiva ämnen. Jordbruksverket, Jönköping. （高見幸子・佐藤吉宗訳（2012）スウェーデンは放射能汚染からどう社会を守っているのか．合同出版）

Green BL, Lindy JD, Grace MC（1994）Psychological effects of toxic contamination. In : Ed by Ursano RJ, McCaughey BG, Fullerton BR : Individual and Community Responses to Trauma and Disaster. Cambridge University Press, Cambridge, pp.154-176.

Havenaar JM, Rumyantzeva GM, van den Brink W et al（1997）Long-term mental health effects of the Chernobyl disaster : An epidemiologic survey in two former Soviet regions. Am J Psychiatr 154 ; 1605-1607.

Havenaar JM, van den Brink W, van den Bout J et al（1996）Mental health problems in the Gomel region（Belarus）: An analysis of risk factors in an area affected by the Chernobyl disaster. Psychol Med, 26 ; 845-855.

Hobfoll SE, Watson P, Bell CC, Bryant RA et al（2007）Five essential elements of immediate and mid-term mass trauma intervention : Empirical evidence. Psychiatry, 70 ; 283-315.

Höijer B（1987）Tjernobylolyckan i människors medvetande-En studie av informationsinhämtande och upplevelser. In Ed by Findahl O, Hanson G, Höijer B, Lindblad IB（1987）'Va va de dom sa' i radio och tv om Tjernobyl och Hur upplevde vi nyhetsinformationen-SSI-rapport 87-09 Del 3. Staens Stralskyddsinstitut, Stockholm.

IAEA（1991）The International Chernobyl Project. Technical report : Assessment of radiological consequences and evaluation of protective measures. IAEA, Vienna.

IAEA（2006）Chernobyl's legacy : Health, environmental and socio-economic impacts and recommendations to the Governments of Belarus, the Russian Federation and Ukraine. The Chernobyl Forum : 2003-2005 Second revised version. IAEA, Vienna.

John. F. Kennedy Presidential Library and Museum（https://www.jfklibrary.org/learn/about-jfk/historic-speeches/televised-address-on-nuclear-test-ban-treaty）

Lee TR（1996）Environmental stress reactions following the Chernobyl accident. In by Proceedings of an International Conference. One decade after Chernobyl : Summing up the consequences of the accident. IAEA, Vienna, pp.283-310.

前田正治（2018）福島原発がもたらしたもの―被災者のメンタルヘルスに何が起きているのか．誠信書房）

Nohrstedt SA（1991）The information crisis in Sweden after Chernobyl. Media, Culture and Society, 13 ; 477-497.

Perko T（2014）Radiation risk perception : A discrepancy between the experts and the general population. J Env Radio, 133 ; 86-91.

Rosen A, IPPNW Germany, Hiranuma Y, Meyer A et al（2014）Critical analysis of the UNSCEAR Report "Levels and effects of radiation exposure due to the nuclear accident after the 2011 Great East-Japan Earthquake and tsunami". IPPNW, Berlin.

柴田義貞（2012）福島原発事故―内部被ばくの真実．長崎新聞新書．

Slovic P（1987）Perception of risk. Science 236 ; 280-285.

成元哲（2015）終わらない被災の時間―原発事故が福島県中通りの親子に与える影響（ストレス）．石風社．

Speckhard AC（2006）Information as traumatic stressor : Psycho-social and physical outcomes of toxic ad technological disaster. In : Ed Berkowitz L, Berkowitz N, Patrick M : Chernobyl : The event and aftermath. Goblin Fern Press, Madison, Wisconsin, pp.201-229.

Tchertkoff W（2006）Le crime de Tchernobyl : Le goulag nucleair. Actes Sud, Arles.（中尾和美・新居朋子・髭郁彦訳(2015)チェルノブイリの犯罪―核の収容所　上巻. 緑風出版）

筒井雄二（2017）福島第一原子力発電所事故の心理的被害について．日本教育心理学会第59回総会準備委員会企画シンポジウム「福島第一原子力発電所事故がもたらした心理的被害について」発表資料．

United Nations（2002）The human consequences of the Chernobyl nuclear accident. A strategy for recovery. A report commissioned by UNDP and UNICEF with the support of UN-OCHA and WHO.（www.iaea.org/sites/default/.../strategy_for_recovery.pdf より 2019 年 1 月 24 日 DL）

United Nations（2011）Health effects due to radiation from the Chernobyl accident.

Annex D of Sources and effects of ionizing radiation Volume Ⅱ. United Nations, Vienna.

United Nations（2014）電離放射線の線源，影響およびリスク　UNSCEAR2013 年報告書. 第Ⅰ巻　国連総会報告書科学的付属書 A：2011 年東日本大震災後の原子力事故による放射線被ばくのレベルと影響．United Nations, New York.

Weisath L, Knudsen O & Tonnessen A（2002）Technological disasters, crisis management and leadership stress. J Hazardous Materials, 93；33-45.

World Health Organization（2006）Health effects of the Chernobyl accident and special health care programmes. Report of the UN Chernobyl Forum expert group "health". WHO, Geneva.

World Health Organization（2013）Health risk assessment from the nuclear accident after the 2011 Great East Japan Earthquake and Tsunami based on a preliminary dose estimation. WHO Press, Geneva.

Yablokov AV, Nestrenko VB, Nestrenko AV & Preobrazhenskaya NE（2009）Chernobyl：Consequences of the catastrophe for people and environment. The New York Academy of Sciences, New York.（星川淳監訳（2017）調査報告　チェルノブイリ被害の全貌．岩波書店）

第11章

東北地方太平洋沖地震による心理的危機

●

狐塚貴博

はじめに

　近年，本邦において，さまざまな地域で自然災害の被害が報告されている。各地で起こる自然災害による被害を見聞きするたびに，改めて，自然の大きな力によってもたらされる過酷な現実に圧倒されるとともに，私たちはその自然の猛威には無力な存在であるかのように思わされる。しかし，日本は，太平洋，北米，ユーラシア，フィリピンプレートという四つの太平洋沖上のプレートが相重なる地形に位置するがゆえ，1891年の濃尾地震，1896年の明治三陸沖地震，1923年の関東大震災，1933年の昭和三陸沖地震，1934年の室戸台風，1954年の伊勢湾台風，そして，心理・社会的な支援の在り方が特に注目された1995年の阪神・淡路大震災や2004年新潟県中越地震，さらには記憶に新しい2011年の東日本大震災や2016年の熊本地震など，歴史的にみても度重なるさまざまな自然災害にみまわれ，そこから多くを学び，また，新たな課題に挑戦しつつ今日に至る（阪本，2016）。直近の自然災害による被害の渦中にある地域や慣れ親しんだ土地を離れて生活を送ることを余儀なくされる過酷な現実の渦中にもある人々がいることも事実だが，私たちは自然の猛威を幾度も経験し，それらを生き抜き，乗り越えてきた歴史を有し，そこからさまざまな知恵や工夫が継承された存在である。よって，自

然の猛威の前では，私たちは脆くもあるが，その一方で，自然災害が私たちにもたらす心理・社会的な影響を学び，備え，自他を支えるすべを発展させていく大変強くもある存在といえる。

　本章では，本邦における近年の大規模災害の中でも，その規模，インパクトにおいて私たちが多大な影響を受けた東日本大震災を取り上げ，こころの危機に対して心理学がしてきたこと，できることについて，心理・社会的な支援の実践から接近する。東日本大震災は，筆者にとって特別な意味をもつ出来事である。それは，筆者自身が，震災当時，被災地となった地域で日常生活を営んでいた現地の住民であり被災者でもあったためである。また，数年にわたり現地基幹大学を通して支援活動に携わることができた。したがって，本章では被災者と支援者という筆者の二重の立場から重要と思えるいくつかのテーマを取り上げ，実践的な観点から説明したい。

　2011年3月11日14時46分，太平洋三陸沖を震源としたマグニチュード9.0の地震である東北地方太平洋沖地震が発生し，東北地方を中心とした東日本一帯の地域に多大な被害をもたらした。この太平洋三陸沖を震源とする地震は，原子力発電所の放射能の問題により福島県を中心とした地域は避難を余儀なくされ，また，その地震により発生した津波は東北地方の沿岸部や関東の北部に至る広範囲な地域にまで多大な被害とその後の爪痕を残すことになった。近年の自然災害の中でも，東日本大震災は未曽有の災害と呼ばれ，この出来事の被害を受けた被災者は，日常生活を送るための根底を成す，安心や安全という感覚，そして人的にも，物的にもさまざまな喪失を伴うものであった。同様に，その被災者を支える立場にある支援者側にも，心理・社会的な支援の在り方そのものを再度見直し，捉えなおす必要性に迫られる出来事の一つであったといえる。さらに，津波による多くの行方不明者や慣れ親しんだ地域やそこでのコミュニティの崩壊，さらには東京電力福島第一原子力発電所の事故による移住の問題は，対象が明確にはならず周囲の人々には理解されないような喪失をもたらし（石井・他，2016），あいまいな喪失（Boss, 2006）という概念とそのアプローチが注目された。

176　　第3部　社会の危機とこころ

I　大規模災害における心理・社会的支援の前提

　このような大規模災害において生じる被災者の問題は，時期に伴い多様化する。また，被災者の心身の不調や適応上の問題に加え，家族や組織，さらにはコミュニティのような個人を取り巻く環境の問題が複雑，かつ密接に関連するため，中長期的視点からの支援が必要であり，支援者には，その時期のニーズに応じた支援が求められる（狐塚・熊倉，2017）。清水（2016）は，人間の存在について，生命科学で主題となる"生きている"状態を扱うのではなく，主体的で能動的な観点から"生きていく"存在という観点から扱う必要性について強調している。このことは，単に個人の症状や健康状態，ストレス反応といった，生命として生きている状態に対する支援のみならず，各自が個別的な問題を抱え，固有の人生を生きていくことの意味を含めた支援が必要となろう。

　大規模災害における心理・社会的問題への支援は，中長期的な視点から時期に応じた支援が必要であることに加えて，たとえ大多数の人々が同じようなことを経験していたとしても，各自は固有な背景をもつため，他者とは異なる危機を経験していることに配慮する必要がある。つまり，個人は異なる発達段階や生活史をもち，また異なる家族関係，地域，文化などを有するため，災害における多くの人が呈する一般的な反応や認知的，行動的な問題を理解することに加えて，特異的な背景を理解することが必要となる。このことは大規模災害において，支援者は一元的で一般的な支援を被災者に押し付けるのではなく，個人や家族，組織やコミュニティの在り方を尊重し，時期や文脈に応じた支援を創造していくことが前提となろう。したがって，心理・社会的な支援とは，それを提供する側が提供したいものを提供したい対象に行うのではなく，支援を受けるものが主体となり，提供される支援が支援となるか否かは，受け手によって判断されることを意味する。若島（2013）は，大規模災害における臨床心理学的アプローチにおいて重要なことは，支援者の専門性を高く掲げ，個別的な専門性を被災者に適用するのではなく，被災者中心主義に立ち，被災者のニーズを声として把握することの重要性につい

て指摘している。

Ⅱ　心理・社会的支援の対象

　大規模災害において心理・社会的な支援が必要となる人々は，被災者と支援者（救護者）に大別でき，さらに大雑把ではあるが，被災者は，災害前には特に問題を抱えていなかった人と災害前から何らかの問題を抱えていた人に分けられる（高橋，2015）。前者は，大規模災害後の過酷な状況においても柔軟に適応していく力を有する一方，災害の否定的体験や過酷な生活環境に起因し，それを契機として，急性ストレス障害（Acute Stress Disorder；ASD）やストレス反応が一定期間持続する心的外傷後ストレス障害（Post Traumatic Stress Disorder：PTSD），うつや不安に関連する症状や障害，心身の不調や行動上の問題も起こり得る。後者は災害以前から身体的，心理的な何らかの問題や疾患を抱えていた被災者が，主に災害による環境の変化や以前からの定期的な支援が得られなくなること，継続している治療が中断すること，物資が不足することによる処方薬の確保が十分ではなくなることに起因し，問題や症状の悪化や再発の問題として顕在化しやすい。上記分類では重複するが，災害時要援護者とされる，青年を含む子ども，高齢者，健康上の問題や障害を持つ者，妊産婦，女性や特定の民族出身者などの差別や暴力を受ける恐れのある人，外国人（被災地での言語を母国語としない者）等も含まれる（参考として，高橋，2015；WHO, 2011）。さらに，大規模災害の救護活動，支援活動を行う，いわゆる支援者（救護者）へのケアも見落としてはならない。ここには，消防士や消防団員，警察官，海上保安庁職員，医療従事者，自治体職員，行政職員などが含まれる。大規模災害そのものによる影響は少なくとも，被災地での過酷な現状を目の当たりにし，凄惨な業務に従事する，あるいは見通しが立たない復旧や復興の業務を長期にわたり行うことで心身共に疲労が蓄積されることは少なくない。災害に限定されるものではないが，支援者という立場上，弱音を吐いてはならないという思いから，自発的な相談に至らないこともある。

　とりわけ，自治体職員においては，特段の配慮が必要と考えている。自治

体職員の業務は，被災地住民との対面での相談や各種書類作成，環境設計の立案や計画等の多岐にわたるため地域の復旧や復興の要となり，自治体職員や自治体組織自体が機能することによって，被災した地域やそこが主たる生活の場となる住民にとって有益なものとなる（狐塚・他，2015）。しかしながら，震災初期において，被災地の自治体職員は，自治体職員自身が被災者でもあり自分自身の家族の安否も確認できない状態で業務に従事している職員がいること，通常の業務を行いつつ，見通しが立たない復旧の業務も行うため，業務量が増大すること，そして，地域住民の生活を支える業務に携わっているにもかかわらず，やり場のない否定的な感情を向けられる対象となりやすく，自分自身が行っている仕事の意義を見失う可能性を有するといった問題が指摘されている（若島・他，2014）。東日本大震災により多大な被害を受けた自治体の一つである宮城県石巻市役所職員を対象に健康簡易調査票K-6 を用いた継続的調査（若島・他，2012）では，調査票で設定されている要注意であり心理的影響が非常に強く早急に専門家の支援を必要とする得点域であるカットオフ・ポイントを超える職員は，震災後の 3 ～ 4 カ月後（2011年 6 月～ 7 月）では 1,452 名（内 1,446 名を集計）のうち 395 名（27％），さらに 7 ～ 8 カ月後（2011 年 10 月～ 11 月）では 1,244 名（内 1,230 名を集計）のうち 210 名（17％）であることを報告している。なお，2011 年から 2013 年までの 4 回にわたる調査結果が報告されている（Wakashima et al, 2014）。このような被災地自治体職員のデータからも，支援者に対する継続的な支援が必要となり，自身で行うセルフケアと主に，同じ支援チーム内や同様の仕事に携わるグループ内において互いにサポートしあうことも必要である。また，深刻な問題や心身の疲弊を有する場合は，第三者の関わりが重要になる。

Ⅲ　時間の経過に伴うこころの動き

　被災者への心理・社会的支援を考える上で，災害精神医学（disaster psychiatry）における被災者の時間の経過に伴うこころの動きの理解は，被災地で起こり得ることをマクロな視点から捉える上で重要な示唆を与えてく

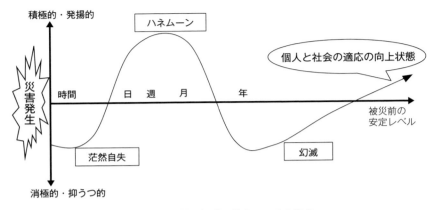

図 11-1　時間の経過に伴うこころの動き
（岩井，2006 と Raphael, 1986 を参考に筆者が作成）

れる。災害直後から，時間の経過に伴う被災者の心理状態は，個人差があるものの，おおむね図 11-1 に示す段階を経ることが指摘されている（岩井，2006；Raphael, 1986）。

　災害発生直後の数時間や数日間は，茫然自失，あるいは恐怖から過度の覚醒状態となり危険を顧みない行動をとることもある。その後，数週間から数カ月にかけて，相互に扶助的で愛他的な反応に続き，被災者同士が体験を共有したことによる強い連帯感で結ばれ，絆が強調されるハネムーンの時期が訪れる。この時期には，さまざまな困難に対して被災者同士が協力し積極的な課題解決に向けた取り組みがなされるため，震災後の環境に適応しているようにみえる。ここで重要なことは，多くの災害において，このハネムーンの時期にみられる被災者の状態が継続して続くことはなく，個人と社会の適応が向上していく段階に至るまでには，次に訪れる幻滅の段階を経過するということである。この幻滅の時期では，徐々に世間の関心が薄れ始め，これまでに形成された被災者同士の絆や団結の輪が崩れ始め，やり場のない怒りの表出や対人関係のトラブル，アルコールの問題といったさまざまな問題が顕在化し，その矛先が支援者に対する不満として向けられることもある。また，資源を有する者は徐々に日常を取り戻していく一方で，過酷な状況から

なかなか抜け出せず，生活再建の見通しが立たないストレスフルな環境で生活を余儀なくされる者との格差が拡大し始める時期でもある。しかし，この段階を経て，個人差はあるものの徐々に再建の段階に向かい，個人と社会の適応を向上させていく。したがって，この幻滅の段階に入る以前には，起こり得る問題を予測し，それらを被災者に伝えていくことが重要な心理的支援であると思われる。さらに，支援者は，幻滅の時期に効力感が得にくくなることや無力感を経験しやすいことを理解し，うまくいかない現状をすべて自分自身の努力不足として帰属し，抱え込まないことや支援の目標を再設定するといった工夫を通して，支援者の自責感や心身の疲弊を減らしていくことも重要な課題となる。

Ⅳ　被災者のニーズと支援の多様性

　被災者のニーズは多様であり，時間の経過とともに変わるため，支援者はそのニーズの変化に敏感であると共に，その変化や時期に応じた支援を模索していくことが課題となる。また，すべての被災者が，狭義の心理的な専門サービスを必要としているわけではなく，物資や環境の改善，必要な情報が得られることといった，被災者の必要性に沿った支援が必要となる。機関間常設委員会（Inter-Agency Standing Committee : IASC）の人道支援者に向けた連携やアセスメント，トレーニングに関するガイドライン（IASC, 2007）の一部に，多層的な支援として四層のピラミッド図を示している（図11-2）。

　IASC（2007）の四層のピラミッド図に示される多層的な支援を要約すると以下の要点にまとめられる。最下層の基本的なサービスおよび安全は，適切な方法で被災者の基本的な身体的ニーズにこたえることによって，人々の生活の質が保障されているかを確認する支援である。次の層におけるコミュニティおよび家庭への支援は，地域や家庭が機能することによって，基本的な心理・社会的な生活の質を保つことのできる被災者への支援であり，被災者が身近な存在や環境とつながり，そのネットワークを活性化するコミュニティの支援者による基本的なこころのケアに関する支援といえる。特化した

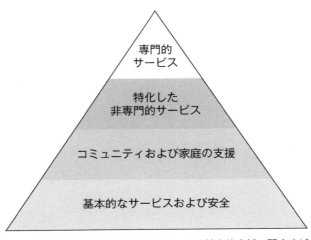

図 11-2　災害・紛争等緊急時における精神保健・心理社会的支援に関するピラミッド図
(IASC, 2007 より引用して作成)

　非専門的サービスは，訓練や研修を受けた支援者による特化した支援を必要とする被災者への支援であり，実用性や安全を重視し人々のつながりを活性化する急性期の心理・社会的援助として知られるサイコロジカル・ファーストエイド（Psychological Fast Aid：PFA, WHO, 2011）や基本的な精神保健サービスが含まれる。PFA は心理士や精神医学的な専門的な介入とは異なり，専門家のみが行うものではなく，混乱や不適切な関わり，誤った情報提供などによって，さらなる被害を拡大させないことを意図した非専門家が被災地で用いる基本的な関わりの姿勢を示したガイドラインといえる。そして，ピラミッド図に示される最上層は最もその適応範囲が狭い，一部の日常生活を送ることが困難な人々に対する，心理的，精神医学的な専門的サービスによる支援である。この層に関連することとして，東日本大震災において各地で活動したこころのケアチームの有効性と改善点を踏まえ，災害直後から医療活動を迅速に行う災害派遣医療チーム（Disaster Medical Assistance Team：DMAT）の活動要領を参考に，2013 年に災害派遣精神医療チーム（Disaster Psychiatric Assistance Team：DPAT）の活動要領が厚生労働省により策定されている（厚生労働省委託事業 DPAT 事務局, 2018）。DPAT

は精神保健医療に特化したチームであり，2014年の広島土砂災害や御嶽山噴火，2016年の熊本地震における活動が報告されている（参考として，松尾・他，2016）。

　さらに，災害前後の12カ月間の有病率を比較したWHOの報告（Van Ommeren et al., 2005）では，軽度から中程度のうつや不安障害といった精神疾患の有病率は，震災前で10%，震災後で20%あり自然回復により15%に減少し，重度の精神病やうつ病，不安障害といった深刻な精神疾患は，震災前で2〜3%，震災後で3〜4%であり，おおむね2倍となる。さらに，疾患には至らない中程度から深刻な心理的・社会的困難は，震災前は推定がないものの，震災後に大多数を占めるが自然回復により減少することが報告されている。これらが示すように，大規模災害においても，大多数の人々が被災することにより重篤な心的外傷や心身の不調に注目されがちであるが，すべての人が重篤な精神疾患や心理的な問題を有し，特別な専門的介入を必要とするわけではないということである。東日本大震災直後に筆者が参加した国際的な支援組織であるInternational Medical Corpsによる災害支援に関するワークショップ（東北大学にて2011年5月21日，22日に開催）では（森川・他，2012），世界各国において災害後に訪れる問題を知るとともに，たとえば，PTSDのような個人に起こるストレス反応の問題は，それ以外の心理・社会的な問題全体の割合からすると少なく，むしろそれ以外の日常生活で起こるさまざまな問題が多くを占めていること，そして長期的なスパンで影響があることを知ることができた。

　筆者は，災害発生直後から，東日本大震災PTG支援機構（以下，PTGグループ）のメンバーとして，東日本大震災の被災者やコミュニティ，たとえば，避難所における被災者や仮設住宅の住民，自治体組織や職員などを対象に，心理支援やコンサルテーション，個別面接，家族面接，電話相談，訪問援助などを通して多岐にわたる支援に携わることができた（詳しくは，長谷川・若島，2013）。そのなかで，とりわけ，震災後のおおむね1年くらいまでの心理・社会的問題の主訴としては，自分自身や家族に関するさまざまな不安や心身の過覚醒に起因するストレス反応や喪失体験に関連する問題が挙げられる一方，震災により仕事や仕事場を失った失望感や住環境が変わるこ

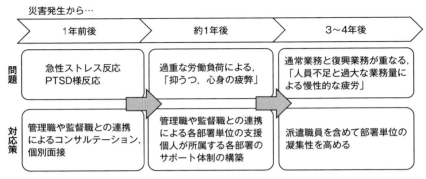

図 11-3　地方自治体の問題の推移と対応策
（狐塚・他，2015 を参考に筆者が作成）

とへの戸惑い，家族関係の悪化や同居家族の変化，家族を亡くした方へのどのように関わったらよいかなど，多岐にわたる問題があった。ここでは，個人や家族，組織，コミュニティに至るすべての水準において，震災以前にはあまり意識していなかった潜在的問題が危機状況に陥ってから浮上し，露呈されることも少なくない。また，震災直後においては，被災者自身が自分自身の問題に目を向けるに至らず，心理的支援を拒否することも珍しくない。しかし，生活が落ち着き，少しずつ以前の生活に戻りつつある時期に，改めて自分自身の問題を意識することもあるため，遅れて訪れるストレス反応に関する理解も必要と考えられる。

　また，地方自治体支援として，石巻市役所職員を対象とした筆者らの取り組み（野口・狐塚，2015；狐塚・他，2015；若島・狐塚，2015）を振り返ると，時間の経過とともに，ストレス反応から過重な労働負荷による抑うつや心身の疲弊，人員不足と過大な業務量による慢性的な疲労といった中心的な主訴が推移し，それに伴い管理職や監督職へのコンサルテーションや個別面接から部署単位の支援やサポート体制の構築，派遣職員を含めた各部署の凝集性を高めるといった対応策も変わっていく（図 11-3）。

V　個人や集団の資源に目を向ける

　若島（2012）は，東日本大震災における心理・社会的支援の在り方について，悲惨な体験と生活している現実は，認知的不協和となり，生きていくからには成長していくことで，その不協和を軽減していくよう動機づけられるはずであり，その小さな動機づけこそが個人の自己組織能力，つまり自分自身で自分を回復させていく力の源泉であることを指摘している。また，それらを膨らませていくことが支援者の仕事であると述べている。悲嘆の研究からは，ボナーノ（Bonanno, 2009）がトラウマとなるような出来事を経験しても，その反応が小さく，また影響が少ないままその後を過ごすといったレジリエンスを人間に本来備わっている能力とし，トラウマを経験した比較的多くの人々にレジリエンスが認められることを指摘している。さらに，近年では，心的外傷をもたらすような出来事，あるいはその出来事によってこれまでの価値観や人生観が揺さぶられ，変化するような主観的経験後に，奮闘の過程を経て生じる心理的成長を意味する概念として心的外傷後の成長（Posttraumatic Growth：PTG）が提唱され（Tedeschi & Calhoun, 1996），災害をはじめ，さまざまな心理的危機と PTG に関する議論や研究が展開している。筆者の心理臨床実践を支えるシステミック・アプローチ（家族療法や短期療法）の中核的理論の一つに，例外（exception）というアイデアがある。例外とは，問題を解こうとする人々の間で規則的に繰り返される悪循環パターンからもれるゆらぎを意味する。東日本大震災の被災地や被災者には多くの問題が山積されるが，そのさまざまな問題の中に埋もれている，比較的，部分的にうまくいっていることに関する出来事やその条件，あるいはそれらを支える資源を見出し，そこに焦点を当て，それらを支持し，拡張していくことになろう。

　東日本大震災に限らず，震災によってもたらされる影響はさまざまであるが，被災者はそのつらい体験と共に生きていくことになる。しかし，その過程においては，人間の問題や弱さ，否定的な側面だけでなく，肯定的に生きていく側面も確認できる。

たとえば，狐塚・櫻井（2012）は，避難所における支援から，知的障害を
もつ男子が避難所生活を送る過程で，ヘルパーの仕事に興味を持ち，将来の
夢を見つけ，それを契機に母親がこれまで以上に子どもの幸せを考えるよう
になった親子の事例や避難所において子どもの適応的な側面や成長している
姿を新たに見出し，子どもに対する安心感や適度な距離感を持てるように
なった母親の事例などを報告している。また，板倉ら（2012）の仮設住宅に
おける支援では，支援の在り方を住民と共に創造する立場を取り，仮設住宅
の住民のさまざまな問題に対する工夫やうまくいった事例をニュースレター
で取り上げ，その事例を見た住民が自分自身の問題へ適用するといった，良
循環の拡張ともいえる波及効果を意図した取り組みを報告している。加えて，
日常の問題点を聴くだけでなく，住民の工夫や生きがい，比較的良かった時
といったソリューション・トークを積極的に取り入れ，そこから語られる人
の強みを見出す工夫を行っている（板倉・他，2015）。さらに，宮城県南三
陸町旭ヶ丘地区で行われた，被災者が自発的に自分自身の心情を川柳にして
詠み発表し合う取り組みが報告されている（松本・他，2015）。この取り組
みは，被災者自身が行う自分たちへの支援であり，詠まれる川柳には，多く
の矛盾や複雑な感情をストレートな感情表現を通して，またユーモアや笑い
を交えて表現している。松本ら（2015）は，この活動を震災川柳としてまと
め，コミュニティのもつ力や矛盾を矛盾のままで受け入れるための手掛かり
となる表現の場所としての役割，意義について考察している。

　これらはほんの一部の例ではあるが，災害によって耐えがたい苦痛や重篤
な適応上の問題を有する一部の人々の存在を軽視することなく支援すること
を前提として，大部分の割合を占める人々に対する個人の回復する力や生き
る力，そしてその個人を支える家族やコミュニティの力を尊重し，その力を
活かし活性化する支援が重要といえる。よって，支援者は，人間の脆弱性や
否定的側面ばかりに目を向けるのではなく，個人や集団の強みや利用可能な
資源，肯定的な側面に目を向け，まずはそれらを積極的に見出そうとする構
えが必要である。とりわけ，災害が大規模であれば，支援の人的資源が限ら
れるため，地域の力に目を向け，それらを活用することが必要となろう。

186　第3部　社会の危機とこころ

Ⅵ　心理的支援としての個別面接

　筆者は，東日本大震災における心理・社会的支援を展開した PTG グループの同僚と共に，ASD，PTSD 様の症状や悲嘆といった問題を呈する被災者と多くの心理面接を行った。上記の問題に関するこれまでの知見，とりわけディブリーフィングや暴露療法，PFA などの有効性や限界に学び，多くの心理面接を通して適用可能性を含めて精緻化したモデルをスリー・ステップス・モデル（Three Steps Model）と名付け（若島・他，2012），PTG グループのメンバーと心理面接の指針として共有した（図 11-4）。このモデルは，面接の過程において 3 段階を仮定するが，すべての事例において最終の Step3 まで扱う必要はなく，また，戻ることもある。とりわけ，適用可能性が高く重要なのは Step1 であり，次いで Step2 である。Step3 は，問題の中核的な部分への具体的なアプローチを意味する（若島，2016）。支援者は，このモデルを適用する対象の固有の背景に基づく語りを共感的な態度で受け入れ，まずはその語りにアドバイスや評価を加えることなく聴くことから始める。言うまでもなく，この前提がなければ意味をなさない。なお，各ステップが意味する内容は，各事例によって異なる。

　まず，最も重要な Step1 は，現在，起こっている感情や認知，行動，症状などの問題は，その出来事や状況を体験したことによって生じる当然の反応であると理解し，個人の弱さや努力不足に基づくものではないことを伝え，さまざまな反応を正当なものとして保障する一般化（ノーマライズ）である。これは問題の帰属を自分自身から，状況や体験へ移行するリフレームともいえる。自分の身にこれまで経験したことのない反応が起これば，多くの人は自分自身が異常ではないかという不安や戸惑い，混乱から自責的になることも少なくない。異常ともいえる事態に直面することによってもたらされる反応を参考程度に図 11-5 に示す。なお，子どもは，幼児返りやわがままになる，分離不安や困難，おねしょ，落ち着かない，同じ遊びを繰り返すなど，さまざまな反応を呈するが，実年齢にそぐわない言動を示す退行として，過酷な現状へ対処するための方略の一つとして理解することが重要だと思われる。

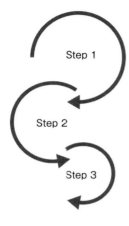

Step 1
・当事者の呈する症状や反応は，その状況を体験したことによる当然の反応として理解し一般化する

Step 2
・時間の過程に伴う症状の軽減を前提に，さまざまな変化を確認する ・主体的な対処行動を支援する ・リソースを確認する

Step 3
・問題とされる体験や否定的な記憶に対し，あえて積極的に意識を向けられるように意味付ける ・文脈に沿って体験への暴露を促す

図 11-4　スリー・ステップス・モデル
（若島・他，2012 を参考に筆者が作成）

心理的反応	身体的反応	行動的反応
・不安，絶望 ・無力感，自責感 ・意欲・集中力の低下 ・気分の浮き沈み ・否定的記憶の侵入 ・刺激に敏感になる ・解離が起こる　など	・不眠（悪夢を見る） ・頭痛，吐き気，耳鳴り ・食欲の低下 ・億劫になる ・言葉が出てこない ・涙もろくなる ・疲れやすい ・動作が鈍くなる　など	・関係する場所の回避 ・飲酒量の増加 ・引きこもる ・すぐに喧嘩をする　など

図 11-5　心理的，身体的，行動的な反応
（支援経験を参考に筆者が作成）

　また，支援者のコメントに対して，「そうはいっても，否定的に考えてしまう」といった反応が返されることも珍しいことではない。この場合，問題の語りが不十分で，理解されていないと感じているサインの可能性もある。また，支援者は，「そう思えないかもしれませんが」「すぐには納得されないと思いますが」といった言葉を前置きとして補う配慮も必要である。

　次の Step2 では，時間の経過に伴う，症状や問題の変化に関連する個人や

その個人を取り巻く周囲の人々の主体的行動や対処努力，資源（リソース）などを確認する。症状や問題は時間の経過とともに変化し，軽減していくことが多い。しかし，問題が深刻であり，それに圧倒されてしまうものであれば，症状や問題の小さな変化に気付きにくく，問題がずっと同じ程度で変わらず続き，今後も続いていくだろうと考えてしまうことも多い。したがって，支援者は，支援の対象となる人々の自律性や主体性を前提に，問題に少しでも違いがないかを確認し，自分自身が行ってきた対処行動や大変な時に支えになるものや人，さまざまな工夫に関心をもち確認していくことが必要である。

　最後のStep3は，あくまで問題の中核的な部分，つまり否定的な経験にまつわる感情や認知，記憶を回避することによる悪循環を断ち，積極的にそれらに意識を向けられるような介入の段階である。否定的な記憶と向き合う時期や向き合い方，その内容には個人差があり，そのつらい体験や記憶と直面しながら日常生活を送る人々もいる。したがって，Step1や2に比べ，時期を含め，なぜそれに向き合う必要があるのかという意味付けや接近方法の工夫も必要である。ある母親を亡くした方が，母親の生前の記憶はとても尊いものであるとし，家族で母親の思い出を語り，墓前で日常の出来事を報告する，津波の被害により車に同乗していた友人を亡くし，自分だけ生き残った女性が，安心できる場所で信頼できる関係にある人と共に，当時の出来事や友人との思い出を手紙に綴る，といったことが挙げられる。三つのステップは，抽象度が高いモデルであるため，文脈に沿った工夫が必要となる。

おわりに

　本章では，東日本大震災の心理・社会的な支援を例にいくつかの重要と思えるテーマを取り上げ，現地での支援活動の実践から説明した。大規模災害において，心理的危機を経験した人々を理解し，支えるために心理学では何ができるのか，というとても大きな問いに対する筆者なりの回答は，部分的な問題を介して被災者と関わり，生きていくことを扱っていくこと，そして，その支援の過程においては，個人や組織，地域というすべての水準で，自らが自らの力で危機を乗り越えられるよう，その力を確認し，尊重し，促進し

ていくことだと考えている。心理的な支援を行う支援者は，自らの専門性を前面に出し，問題を見つけていく支援ではなく，ときにはその専門性自体を棚上げし，支援者と被災者，支援する者とされる者という枠組みを超えた対等な立場での関わり，さらには被災者から多くを教えてもらおうとする姿勢が必要となろう。2019 年現在，東日本大震災から 8 年が過ぎた。景観が一変した地域で生活を送る人々や慣れ親しんだ土地を離れて生活している人々も少なくはない。東日本大震災は過去の出来事ではなく，未だその影響を残している。したがって，その支援も未だその渦中にある。東日本大震災における支援の在り方について，その記録を振り返り，考察することは，今後もいずれかの地域で起こりうる震災に備えることでもある。一方で，それぞれの地域には，独自性があり，そこに暮らす人々それぞれ固有の文化があるため，同様の問題が起こるとも限らず，支援もまた一様ではないはずだ。これまでの支援の方法を参考にしつつも，その地域の特性や文化を尊重し，その場で支援の在り方を被災者と共に創造していく姿勢も必要だと考えている。

文　献

Bonnano GA（2009）The Other Side of Sadness : What the New Science of Bereavement Tells Us About Life After Loss. New York : YBasic Books.（高橋祥友監訳（2013）リジリエンス―喪失と悲嘆についての新たな視点．金剛出版）

Boss P（2006）Loss, Trauma, and Human Resilience : Therapeutic work with ambiguous loss. New York : W. W. Norton & Co.（中島聡美・石井千賀子監訳（2015）あいまいな喪失とトラウマからの回復―家族とコミュニティのレジリエンス．誠信書房）

Inter-Agency Standing Committee（IASC）（2007）災害・紛争等緊急時における精神保健・心理社会的支援に関する IASC ガイドライン．ジュネーブ：IASC.（Retrieved from https://saigai-kokoro.ncnp.go.jp/document/pdf/mental_info_iasc.pdf., October 26, 2018）

石井千賀子・黒川雅代子・瀬藤乃理子・中島聡美（2016）あいまいな喪失とリジリアンス．家族療法研究，33（1）；38-44.

板倉憲政・若島孔文・狐塚貴博（2012）被災地における現地基幹大学・臨床心理研究室の役割．（第3回）NPO や住民と連携しておこなう仮設住宅への心理支援．産学官連携ジャーナル，8（6）；37-38.

板倉憲政・平泉拓・佐藤美沙，他（2015）仮設住宅でのニュースレターの活用．（長谷川啓三・若島孔文編）大震災からの心の回復―リサーチ・シックスと PTG．新曜社，pp.104-125.

岩井圭司（2006）各論 1　自然災害（総論と災害前準備）．（金吉晴編）心的トラウマの理

解とケア第2版．じほう，pp.63-73.

厚生労働省委託事業DPAT事務局（2018）DPAT活動マニュアルVer.2.0.（Retrieved from http://www.dpat.jp/., October 26, 2018）

狐塚貴博・熊倉志乃（2017）危機支援におけるリソースの活用─東日本大震災における被災者支援活動の実践から．コミュニティ心理学研究，21（1）；37-40.

狐塚貴博・野口修司・若島孔文（2015）東日本大震災（15）〜被災者へのこころのケア〜自治体職員の惨事ストレスに対するメンタルサポート─初期支援，そして中・長期的な取り組みを振り返る．消防科学と情報，119；17-21.

狐塚貴博・櫻井育子（2012）特別支援の必要な子どもたちへ─学校・震災ソリューションバンク（1）．（長谷川啓三・若島孔文編）子どもの心と学校臨床，6；30-38.

松尾寿栄・三好良英・宮原祐他（2016）熊本地震における宮崎県DPATの役割─災害時の支援者支援．宮崎県医師会医学会誌，40（2）；185-191.

松本宏明・田松花梨・高橋恵子（2015）震災川柳の心理的効果（長谷川啓三・若島孔文編）大震災からの心の回復─リサーチ・シックスとPTG．新曜社，pp84-101.

森川夏乃・板倉憲政・浅井継悟，他（2012）IMCワークショップ報告．東北大学大学院教育学研究科「臨床心理相談室紀要」，10；69-73.

野口修司・狐塚貴博（2015）行政職員・派遣職員のストレスの特徴とカウンセリング支援．（長谷川啓三・若島孔文編）大震災からの心の回復─リサーチ・シックスとPTG．新曜社，pp.42-62.

Tedeschi RG & Calhoun LG（1996）The posttraumatic growth inventory : Measuring the positive legacy of trauma. Journal of Traumatic Stress, 9 ; 455-471.

Raphael B（1986）When Disaster Strikes : How individuals and communities cope with catastrophe. New York : Basin Books.（石丸正訳（1988）災害の襲うとき─カタストロフィの精神医学．みすず書房）

阪本真由美（2016）日本における防災教育のこれまで（窪田由紀・松本真理子・森田美弥子・名古屋大学こころの減災研究会編）災害に備える心理教育─今日からはじめる心の減災．ミネルヴァ書房，pp.3-33.

清水博（2016）〈いのち〉の自己組織─共に生きていく原理に向かって．東京大学出版会.

高橋祥友（2015）災害精神医学とは．（高橋晶・高橋祥友編）災害精神医学入門─災害に学び，明日に備える．金剛出版，pp.11-28.

van Ommeren M, Saxena S & Saraceno B（2005）Aid after disasters. BMJ, 330（7501），1160-1161.

Wakashima K, Kobayashi T, Kozuka T et al（2014）Longitudinal Study of the Stress Responses of Local Government Workers Who Have Been Impacted by a Natural Disaster. International Journal of Brief Therapy and Family Science, 4（2）；69-94.

若島孔文（2013）大規模災害に対する心理社会支援のあり方．（長谷川啓三・若島孔文編）震災心理社会支援ガイドブック─東日本大震災における現地基幹大学を中心にした実践から学ぶ．金子書房，pp.2-8.

若島孔文（2016）PTGとソリューション・フォーカスト・ブリーフセラピー．（宅香菜子編）PTGの可逆性と課題．風間書房，pp.152-165.

若島孔文・野口修司・狐塚貴博，他（2012）ブリーフセラピーに基づくスリー・ステップ

ス・モデルの提案. Interactional Mind V, pp.73-79.

若島孔文・狐塚貴博 (2015) 行政職員への心理支援の必要性. (長谷川啓三・若島孔文編) 大震災からの心の回復—リサーチ・シックスと PTG. 新曜社, pp.20-41.

若島孔文・狐塚貴博・野口修司 (2014) 自治体職員のメンタルサポート. 月刊ガバナンス, 155 ; 28-30.

若島孔文・狐塚貴博・野口修司, 他 (2012) 東日本大震災に関わる石巻市役所職員の健康調査報告 (1). 東日本大震災 PTG 心理支援機構.

World Health Organization, War Trauma Foundation and World Vision International (2011) Psychological first aid: Guide for field workers. Geneva : WHO. (国立精神・神経医療研究センター・ケア・宮城・公益財団法人プラン・ジャパン訳 (2012) 心理的応急処置 (サイコロジカル・ファーストエイド : PFA) フィールド・ガイド. 国立精神・神経医療研究センター)

第 12 章

テロによる心理的危機
——テロ対策と社会的ネットワーク——

●

五十嵐　祐

　テロリズム（テロ）とは，暴力的な恐怖手段の行使によって，特定の政治的な目的を達成する傾向をさす。その歴史は 18 世紀のフランス革命期における独裁的恐怖政治に始まり，その後，国家体制や社会全体への脅威を与えることを目的として，現在に至るまで世界各地でテロが頻発しており，その対策は大きな社会問題となっている。21 世紀に入ると，グローバル化に伴う移動網・情報網の発達によって，国際的なテロ（国際テロ）が常態化し，さらには政治的なバックグラウンドが明確でない個人による散発的なテロも発生するなど，その様式は多様化している。このように，テロの脅威は，形を変えながらも常に私たちの社会に存在し続けており，個人の心理的危機を生み出す重大な社会的リスク要因となっている。

　多くの場合，テロの計画・遂行には多数の人々が携わっており，非常に複雑な手順が含まれるため，組織的な統率は必要不可欠とされる。その背後には，テロ組織の指導者・テロの実行者を取り巻く人間関係が大きな影響力を持っており，社会的ネットワーク分析（social network analysis）と呼ばれる手法を用いることで，どういった個人や社会関係がテロにおいて重要な役割を果たすのかを検証することが可能である。社会的ネットワーク分析は，個人間のつながりに注目し，個人が所属する組織や集団における重要人物の把握や，情報伝達のフロー（流れ）を分析するのに適した手法である。テロや犯罪などのネガティブな目的を達成するための社会的ネットワークは，

「ダーク・ネットワーク」（dark network）と呼ばれ，その形成プロセスや構造的な特徴については，さまざまな方面で検証が進んでいる。

本章では，まずテロ対策に対する日本国内での世論調査の結果を概観した上で，テロの動機を説明する社会心理学的なアプローチを紹介する。その後，社会的ネットワーク分析の観点から，テロを含む反社会的行動の伝染メカニズムについて述べる。さらに，ダーク・ネットワークの構造的特徴を整理し，リーダーレス・ジハードとよばれる現代型のテロについて説明する。最後に，テロ対策において社会的ネットワーク分析が果たす役割について議論する。

I　日本でのテロに対する懸念

2015年，内閣府によって「テロ対策に関する世論調査」が実施された（内閣府大臣官房政府広報室，2015）。この調査は，2020年に開催される東京オリンピック・パラリンピックに関する世論調査に附随して実施されており，IS（Islamic State）による世界的なテロの脅威への高まりを受けて，国内外から多くの人々が集まるイベントでのテロ対策の必要性を念頭に置いたものと考えられる（回答者数1,873名）。

調査の結果，日本国内でのテロの発生に不安を感じる回答者の割合はおよそ8割と非常に多く，その傾向は都市部在住，女性，20代の回答者で顕著であった。不安を感じる理由としては，海外で日本人が巻き込まれるテロ事件の発生や，海外テロ組織の台頭が主な要因として挙げられており，日本のテロ対策が不十分であるとの回答も多かった。一方，インターネット上の情報の影響力や，日本におけるテロ組織の存在を不安要素に挙げる回答者は，全体の3割以下にとどまっていた。テロ対策において，安全と便利さのどちらを重視すべきかについては，9割以上の回答者が安全を便利さよりも重視しているものの，男性，20代〜30代の若年層，および70代以上では，便利さを安全よりも重視する回答者の割合が，女性や他の年代に比べて多くなっていた。テロ防止のために有効だと思われる取り組みとしては，テロリストの入国阻止，テロ組織に関する情報収集の強化，爆発物などの規制強化，政府と国民，企業などの連携が，それぞれ4割以上の回答者から挙げられて

いた。これに対して，防犯カメラの設置や，法規制・資金規制の強化，国内のテロリストの摘発といった取り組みについて，テロ防止に効果があると考える回答者は3割程度にとどまっていた。

これらの結果から，日本においても国際テロに対する不安が高まっており，テロを防止するための効果的な対策が，特にテロのリスクに敏感な層から強く求められていることがうかがえる。

Ⅱ　テロによる集合的アイデンティティの獲得

テロに関する社会心理学的研究は，2001年9月11日に発生したアメリカ同時多発テロ事件（9/11）をきっかけに大きな注目を集めた。アメリカ心理学会は，2004年に国際テロの心理社会的起源を考察する大著『テロリズムを理解する』（原題：「Understanding terrorism」（Moghaddam & Marsella, 2004））を編纂しており，その中では，テロとみなされる行為を，（a）力や暴力を使用し，（b）個人や集団によって行われ，（c）一般市民に向けられ，（d）恐怖心を植え付けることを意図し，（e）個人や集団の政策・社会的立場を強制的に変えさせる手段であると位置づけている。

この書籍では，さまざまな立場からテロが発生するメカニズムを論じているが，特に重要と思われるのは，従来から強調されてきた個人の病理的なパーソナリティや動機的側面による説明に加えて，社会文化的環境や集団的・対人的な影響プロセスに基づく論考がなされている点である。中でも，第8章のテイラーとルイス（Taylor & Louis, 2004）による集合的アイデンティティ（collective identity）と個人的アイデンティティ（personal identity）の階層的な位置づけは，テロ組織がどのようにして構成されるのかを理解する上で興味深い示唆を提供する。

図12-1は，個人の自己概念の構造を，二つの対比的な概念（アイデンティティ——自尊心，個人的自己——集合的自己）の組み合わせに基づいて表したものである。自己に関する認知的な知識であるアイデンティティは，自己に関する評価的で感情的な成分である自尊心と対比させて論じることができる。さらに，自身に特有と考えられる性質で定義される「個人的」な自己（例：

第12章　テロによる心理的危機　*195*

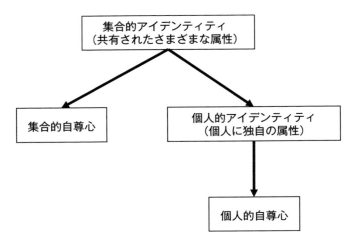

図 12-1 自己概念の階層構造
(Taylor & Louis, 2004（甲原，2008）の図 8-1 を一部改変)

私が思う，外向的で活発な私）は，ある集団（ここでは，人種，宗教といったカテゴリーとしての集団を含む）の一員としての性質で定義される「集合的」な自己（例：20代のイスラム教徒としての私）と明確に対比される。この中で心理的な優先度が最も高いのは，集合的アイデンティティ，すなわち，自分がどの集団の一員であるかという認知的要素である。なぜなら，自分が何者であるかという個人的アイデンティティについて考える際，個人は自分が所属する集団（準拠集団）における他の成員との比較を免れないからである。言い換えれば，ユニークでありたいという自問（と，その帰結としての自尊心）は，他者の存在がなければ成立し得ない。そのため，集合的アイデンティティは，すべての個人的な要素に先立つ土台として自己概念を構成するのである。

　集合的アイデンティティは，個人が依拠する規範や価値観の枠組みを提供する。個人的アイデンティティを支える土台としての集合的アイデンティが，文化や宗教のレベルで明確に共有されている場合，個人がそのことに意識的な関心を払う必要はない。その一方で，グローバル化した現代社会では個人が複数の集団に所属することはごく一般的であり，相矛盾する多面的な価値

観が個人に内在化された状態がもたらされる。イスラム原理主義に基づく集団で特権的な地位を持つエリート層は，グローバル化の流れの中で優位な立場にある諸外国（特に裕福な欧米諸国）の価値観に触れることで，時として劣位にある自らの集団における集合的アイデンティティの喪失（特に経済的な剥奪）への脅威を認識する。こうした脅威に対抗するため，エリート層は，欧米的な価値観の破壊を引き起こし，所属集団の集合的アイデンティティの再構築を目的とするテロを，価値ある規範的な行動として正当化する。

　テロを正当化した後，エリート層は社会のリーダーとして，「規範的な行動としてのテロ」を遂行する模範的なテロリストのリクルートを開始する。テイラーとルイスは，経済的に困窮し，文化や宗教のレベルにおいて集合的なアイデンティティを喪失した状態にある難民キャンプの若者が，集団内での名声や称賛を獲得するためにテロ組織へと加入し，ダーク・ネットワークの中でアイデンティティの「空白」を埋めていくプロセスを詳細に考察している。多くのテロリストは，決して生まれながらのテロリストではない。彼らは，厳しい社会環境の中で生き抜くための拠り所としてテロ組織を選択せざるを得ず，組織の中でテロリストへと仕立て上げられていくのである。

Ⅲ　反社会的行動の伝染

　テロ組織への加入のきっかけは，親しい友人や親族とのつながりによってもたらされることが多い。セイジマン（Sageman, 2004）は，2001 年の 9/11 や 2002 年のバリ島爆弾テロ事件の実行組織である Global Salafi Jihad（全地球的サラフィー主義ジハード（以下，GSJ）；サラフィー主義はイスラムの初期の時代を理想とするイスラム教スンナ派の思想，ジハードはイスラム世界における聖戦）の 366 名のメンバー間の関係性を，公開文書や裁判記録などを基に分析した。その結果，GSJ へのリクルートは，大多数が既存の社会的ネットワークを通じて行われており，65％のメンバーは，GSJ のメンバーのいずれかともともと友人関係にあったこと，15％のメンバーは親族が GSJ に所属していたこと，8％のメンバー（主に東南アジアに在住）は教師を通じて GSJ に所属したことが明らかとなっている。セイジマンは，テロ組織

の新規メンバーがこうした既存の社会的ネットワークを利用することで，組織に対する集合的アイデンティティの醸成が容易となること，またダーク・ネットワークにおけるメンバー間の強い絆が，テロ組織への所属に伴う緊張やストレスを緩和し，テロ組織外の社会的ネットワークとの関係性の変化に伴う疎外感を低減させることを指摘している。なお，セイジマンの研究に関しては，日本語による詳細な解説（松本，2008）も参照されたい。

テロ組織への参入や，テロへの順応のプロセスは，青少年の攻撃行動や逸脱行動，武器の携帯などを含む反社会的行動が集団内で広まっていくプロセスになぞらえて考えることができる。社会的ネットワーク分析の領域では，こうしたプロセスを社会的影響（social influence），あるいは社会的伝染（social contagion）と呼ぶ（以下では，社会的伝染とする）。社会的伝染は，個人の行動や態度が，つながりのある他者から影響を受けて変化することを指す。

社会的伝染に類似したプロセスとしては，社会的選択（social selection）がある。これは，同じような態度や行動を示す個人がつながりやすいことを示すものである。反社会的行動の場合，もともと攻撃的な傾向を持つ青少年はお互いに魅力を感じやすいため，社会的なつながりが形成されるというプロセスも十分に想定される。

調査研究の枠組みでは，縦断研究によるパネルデザインを用いても，観測していない第三の変数が目的変数に与える影響をすべて排除することは困難である。したがって，さまざまな要因が含まれる調査研究において，社会的選択と社会的伝染のプロセスを明確に区別することは原理的に不可能（Shalizi & Thomas, 2011）とされている。ただし，理論の射程を明確にした上で，関心のある事象に関連する変数を可能な限り網羅し，これら二つのプロセスを区別して扱い，データに含まれる変数間の因果関係を推測することは，十分に現実的な意味を持つ（Robins, 2015）。

反社会的行動の生起プロセスに関するレビューを行ったシッチマとリンデンベルグ（Sijtsema & Lindenberg, 2018）は，ダーク・ネットワークにおける社会的伝染のプロセスを説明する理論の一つとして，コンフルエンス（confluence）という概念を取り上げている。コンフルエンスとは，合流点,

人の流れ，集合といった意味をもち，友人関係における承認と拒絶，最初期の友人選択，友人からの強化という三つのプロセスを含む。反社会的行動を行う青少年は，友人関係の社会的ネットワークから阻害されやすく，友人選択のオプションがそもそも限られている可能性がある。そのため，反社会的行動を行う個人同士がダーク・ネットワークとしての友人関係を形成しやすくなり，そのプロセスにおいて，お互いの逸脱行動を称賛しあうような規範が生まれる。これは逸脱性のトレーニング（deviancy training）と呼ばれ，個人が反社会的な集団において中心的な位置を占めるために重要な意味を持つ。また，強制理論（coercion theory）では，家族システムの枠組みにおいて，年長者が若年者に反社会的行動の正当性について指導を行うことで，行動の強化がなされると想定する。これらの理論は，いずれも反社会的行動が親しい他者から影響を受けて伝染することを想定している。シッチマとリンデンベルグのレビューでは，テロに最も関連が深いと思われる武器の携帯について，社会的選択ではなく社会的伝染のプロセスが優勢であること，すなわち，ダーク・ネットワークにおいては，武器を携帯している友人の影響を受けて，武器を携帯する青少年が増加する可能性を指摘している。

Ⅳ　ダーク・ネットワークの構造的特徴

　テロにまつわるダーク・ネットワークの構造に関しては，縦断的なデータの収集が困難なことや，裁判記録などの公開データから再構成した不完全なネットワークを扱わざるを得ないこともあり，少数の集団に対する記述的な分析を行うにとどまるものが多い。そのため，ダーク・ネットワークに特有の構造があるかどうかについて，一般的な社会的ネットワークとの比較に基づく十分な検討はなされていない。また，ネットワーク構造の図示（マッピング）は，構造の直感的な理解を助けることはあるものの，目立つ要素や先入観を支持する要素のみに注目した解釈が行われやすくなるため，ネットワーク分析の専門家の多くはその必要性について慎重な立場をとっている。

　以下では，ファンデルハルスト（van der Hulst, 2011）のレビューを基に，いくつかの知見を紹介する。一般的に，テロリストはセル（細胞；cell）と

呼ばれる小集団を構成し，それぞれのセルにはリーダーが存在する。ほとんどのテロリストは，自分のセル内にしかつながりをもたないが，複数のセルが集まって一つの巨大なダーク・ネットワークを形成する場合，非常に多くのつながりを持つテロリストが，複数のセルを統合したり，セル間で情報交換を行ったりする際の中心的役割を果たすことが多いと考えられている。こうしたテロリストは，ハブ（中心；hub）と呼ばれ，全体の指導者として絶大な影響力を持つことになる。ハブの存在によって，集団内の情報伝達の効率は高まり，ハブの命令がセルの末端に行き届くためのネットワーク距離（ネットワーク内での情報の二者間伝達に必要な人数）は大幅に減少する。その一方で，テロの遂行にあたり，ハブ以外に計画の全貌を知るテロリストの数は極端に制限されており，それぞれのセルのテロリストは，基本的に自分のミッションに関する情報しか保持していない。つまり，ダーク・ネットワークは，ハブを中心としてあらかじめセル単位で分断されており，ハブを通じて得られた情報や命令は，各セルで局所的に処理される。したがって，ダーク・ネットワークの機能を麻痺させるには，ネットワークからハブを取り除くことが最も効果的であると考えられる。

　このようなネットワークは，スケールフリー（scale-free）の特徴を持つといわれる（Barabasi, 2002）。スケールフリー・ネットワークでは，ネットワークにおけるつながりの数の分布を，一定のスケール（ものさし）を用いずにモデル化する。たとえば，大多数のメンバーは少数のつながり（たとえば10人）しか持っていないのに対し，ごく少数のメンバーが非常に多くのつながり（たとえば1,000人）を持つ場合，ネットワークにおけるつながりの数の分布を，標準偏差のような統一的なスケールに基づいて考えることは困難である。こうした場合，スケールフリー・ネットワークのモデルでは，心理学で一般的な釣り鐘型の正規分布ではなく，右に裾の長い「べき分布」と呼ばれる分布をあてはめる。スケールフリー・ネットワークは，少数のハブに多くのつながりが集中するネットワークの構造をうまく説明するとされる（図12-2（a）：ここではネットワークの構造的特徴を直感的に把握するために図示している）。たとえば，インターネット上でGoogleやYahooといったハブとなるサイトが使えなくなると，個人の情報検索に大きな支障が生じ

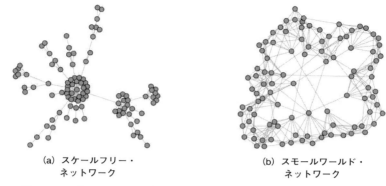

(a) スケールフリー・ネットワーク　　(b) スモールワールド・ネットワーク

図 12-2　スケールフリー・ネットワークとスモールワールド・ネットワーク

るだろう。同様に，ダーク・ネットワークにおいて，ハブとなる指導者を拘束できれば，命令源が消失するため，それぞれのセル単独ではテロの計画を遂行できなくなることが予測される。

　これに対して，ダーク・ネットワークの分断は，ハブを取り除くだけでは十分でないとの指摘もある。実際，アルカイーダを母体とする IS のように，指導者が拘束された後も継続的に活動を行い，新たなテロ組織を結成するケースも報告されている。実際のところ，スケールフリー・ネットワークのモデルは，現実世界の社会的ネットワークにはうまく適合しないことが多い。むしろ，ハブを取り除かれたダーク・ネットワークでは，「スリーパー・リンク」と呼ばれる，組織によって規定されていない，異なるセルに属する親族間のつながりが活性化する。これによってセル同士の新たなつながりが生まれ，指導者が不在となってもセル同士が連携して計画を果たそうとする，強力なレジリエンスが生まれる可能性がある（Tsvetovat & Carley, 2007）。

　このようなネットワークは，スモールワールド（small world）の特徴をもつといわれる（Watts & Strogatz, 1998）。スモールワールド・ネットワークのモデルでは，ネットワークの基本的な構造が，三者関係をベースとする緊密なつながり（コミュニティとよばれる）によって成立すると考える（図12-2 (b)）。さらに，コミュニティ同士をつなげる少数のつながり（ランダム・ショートカットとよばれる）の存在を仮定することによって，異なるコミュ

ニティのメンバー間のネットワーク距離は減少し，ネットワークにおける情報伝達はハブを介さずとも効率的なものとなる。中心となるハブを持たない複数のコミュニティの集合がダーク・ネットワークであるとすれば，その構造的な脆弱性を見つけ出すのは容易ではない。

Ⅴ　リーダーレス・ジハード

　世界各地で突発的に発生するテロは，必ずしも明確な指示系統のもとで遂行されているわけではない。セイジマン（Sageman, 2011）は，グローバリゼーションの産物として，イスラム過激派の教義にインターネットを通じて触れ，そのイデオロギーに個人的に賛同する人々が，水面下で独自にセルを組織して世界中でテロを起こすという，ホームグロウン・テロ（homegrown terrorism）について述べている。ホームグロウン・テロの枠組みにおいて，テロリストと指導者との間に明確なヒエラルキーは存在せず，自然発生的に生まれた小規模なセル同士が独自につながりを構築してテロを遂行する。個人はセルに所属することによって，教義への理解を深めるとともに，セルに所属する他の個人との共同生活を通じて相互信頼や集合的アイデンティティを高め，テロリストとして活動するようになる。このように，ホームグロウン・テロの特徴は，セル内に核となる指導者が不在（リーダーレス）の状態でも，自発的にテロ（ジハード；イスラム世界における聖戦）が遂行されることにある。その一方で，指導者の下で統率された従来型のセルが，ホームグロウン・テロを行うセルにコンタクトを取り，組織の規模を拡大するというプロセスも考えられる。

　これまで紹介したダーク・ネットワークの特徴について，ファンデルハルスト（van der Hulst, 2011）は，図12-3に示す2次元のレーダー図になぞらえて分類を行っている（ここでは，テロを探知するという意味でレーダー図を模しているのだと考えられる）。図の横軸はテロ組織の統治構造を，縦軸は活動範囲を示している。ダーク・ネットワークの統治構造と活動範囲は，いずれも時間の経過とともに連続的に変化しうる。アルカイーダからホームグロウン・テロへと連なるテロの変遷は，指導者を頂点とする階層的な統治

202　第3部　社会の危機とこころ

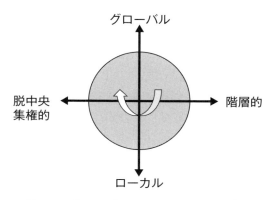

図 12-3　ダーク・ネットワークの 2 次元モデル
(van der Hulst, 2011 の Figure 18.1 を改変)

構造をもつ組織が起こす局所的なテロと，指導者をもたない小規模な組織による場所を問わない突発的なテロとしてそれぞれ表すことができる。グローバル化した世界において，特に後者のダーク・ネットワークを同定することは大きな困難を伴う。

VI　テロ対策と社会的ネットワーク

　テロ対策を目的とした社会的ネットワーク分析のアプローチは，未だ発展途上である。先に述べたとおり，研究者によるテロ組織の社会的ネットワーク分析は，裁判記録などの公開データに基づいている。しかし，誰がテロ組織のメンバーで，誰がそうでないのかという判断は非常に難しい。たとえば，テロ組織への加入が疑われる個人がいたとしても，その家族がすべてテロに関与しているという保証はない。その個人と職場や学校などで単にやり取りがあったというだけで，テロとは無関係の個人が疑われることもありうる。逆に，公開データには含まれない人物が，間接的にテロに影響を及ぼしていることも十分に考えられる。これらのケースは，つながりの分析を行う対象者の境界線をどこに引くのか，という問題であり，社会的ネットワーク分析の専門家の間ではしばしば議論の的となっている。

公開データを用いない第三者による個人の社会的ネットワークの把握は，通話記録などの行動履歴の分析に基づいて行われる。これは，プライバシーの問題と深く関わる。アメリカでは，2013年，国家安全保障局による世界規模での通信傍受が大きな議論を巻き起こした（スノーデン事件）。日本では，憲法第21条第2項において，通信の秘密を個人の不可欠な権利として保障しており，住所，氏名，通信日時，発信場所に加えて，通信の存在についてもその秘密が確保される。ただし，捜査当局による通信（電話，電子メール，FAX）の傍受は，2000年に施行された通信傍受法によって，薬物犯罪，銃器犯罪，集団密航，組織的殺人について合法化された。2016年にはその範囲が拡大され，爆発物使用，殺人，傷害，放火，誘拐，逮捕監禁，詐欺，窃盗，児童ポルノの九つの犯罪についても通信傍受が合法化されている。このことから，日本において，組織的なテロへの関与が疑われる個人の通信は，明確に傍受の対象となっている。ただし，通信傍受の捜査令状発令数は，日本では年間100件未満であるのに対し，イギリス，アメリカ，ドイツ，イタリアといった諸外国では年間数千件〜数万件にも上る（警察庁，2014）。これらの国では，通信傍受に加えて，日本では認められていない会話傍受や仮装身分捜査（スパイ捜査，潜入捜査）も合法化されている。

　アメリカ海軍大学院で教鞭を執るエバートン（Everton, 2012）は，テロ組織に対する社会的ネットワーク分析から得られた知見を，専門家が安直に受け入れるのではなく，それらをあくまでもテロ対策に関する意思決定の参考として用いることを提案している。テロは多数の市民を巻き込む無差別殺人であり，個人や社会に深い傷を残す。テロ対策において，エバートンはカトリックの宗教戦争に起源を持つ正戦論（just war ; just fight）の枠組みを適用し，「正しい戦争」としてのテロ対策の必要性と，社会的ネットワーク分析の有効性を強調している。なお，現代社会において，正戦論に基づく解釈が国家間の戦争に適用されることはない。なぜなら，異なる立場の当事者に共通の「正しさ」を客観的に定義することは原理的に困難だからである。一方，市民生活の平和を確保するために，暴力的な手段に訴えるテロの脅威を取り除くことはきわめて重要である。テロリストとの正戦は，テロを不当な行いとみなすことで，テロ組織に関する情報収集やテロリストへの攻撃を

正当化する。また，攻撃の被害を限定するために，テロリストのみを攻撃対象とし，無関係の市民を巻き込まないといった配慮のもとで行われる。

　高度にグローバル化された世界において，テロの脅威がもたらす社会全体の危機を乗り越えるためには，こうした提案をベースとして，市民の安全とプライバシー保護とのバランスをどのように取るべきかについての十分な議論が必要である。先に紹介した世論調査では，テロ対策として安全の確保を求め，テロ組織に関する情報収集の強化に賛同する回答者が多数を占めていたが，いわゆる監視社会が日常化することへの懸念については触れられていない。行政による対策に加えて，市民の側にも，開かれた場での相互の対話，そして政治参加を通じた行政との対話によって，テロ対策としての社会的ネットワーク分析の重要性と，そのメリット・デメリットについて，さらなる議論を深めていくことが求められる。

引用文献

Barabasi AL（2002）Linked : The new science of networks. Cambridge : Perseus Books Group.

Everton SF（2012）Disrupting dark networks. Cambridge : Cambridge University Press.

警察庁（2014）平成 26 年警察白書．警察庁．

松本光弘（2008）グローバル・ジハード．講談社．

Moghaddam FM & Marsella AJ（2004）Understanding terrorism : Psychosocial roots, consequences, and interventions. American Psychological Association.（釘原直樹監訳（2008）テロリズムを理解する―社会心理学からのアプローチ．ナカニシヤ出版）

内閣府大臣官房政府広報室（2015）東京オリンピック・パラリンピックに関する世論調査：附帯：テロ対策に関する世論調査．内閣府大臣官房政府広報室．

Robins G（2015）Doing social network research : Network-based research design for social scientists. London : Sage.

Sageman M（2004）Understanding terror networks : University of Pennsylvania Press.

Sageman M（2011）Leaderless jihad : Terror networks in the twenty-first century : University of Pennsylvania Press.

Shalizi CR & Thomas AC（2011）Homophily and contagion are generically confounded in observational social network studies. Sociological Methods and Research, 40 ; 211-239.

Sijtsema JJ & Lindenberg SM（2018）Peer influence in the development of adolescent antisocial behavior : Advances from dynamic social network studies. Developmental Review. doi:10.1016/j.dr.2018.08.002

Taylor DM & Louis W (2004) Terrorism and the Quest for Identity Understanding Terrorism : Psychosocial roots, consequences, and interventions. Washington, DC : American Psychological Association, pp.169-185.（甲原定房訳（2008）テロリズムとアイデンティティの希求.（釘原直樹監訳）テロリズムを理解する―社会心理学からのアプローチ.ナカニシヤ出版）

Tsvetovat M & Carley KM (2007) On effectiveness of wiretap programs in mapping social networks. Computational and Mathematical Organization Theory, 13 ; 63-87.

van der Hulst R (2011) Terrorist networks : The threat of connectivity. In J Scott & PJ Carrington (Eds.), The SAGE handbook of social network analysis. London : Sage Publications, pp.256-270.

Watts DJ & Strogatz SH (1998) Collective dynamics of 'small-world' networks. Nature, 393 ; 440-442.

第13章

こころの危機に対して心理学は何ができるのか

●

清河幸子

はじめに

　心理学とは「こころ（心）のことわり（理）」を明らかにする学問領域である。この「こころ」にはさまざまな内容が含まれる。「こころの危機に対して心理学は何ができるのか」という問いが発せられる時，まず想定されているのは，おそらく，「こころの危機に直面した個人に対して心理学の知見をもとにしてどのような支援が可能か」ということであろう。しかし，この問いはもう少し広い意味に捉えることが可能である。本章では，この問い自体の検討を通じて，こころの危機に対して心理学が果たしうる役割を検討する。

I　「問い」を問い直す

　一般的に，ある問いに対して適切に答えるためには，まずその問いをよく理解することが必要である。というのも，一見すると自明に思える言葉の意味が，実はそれほど明確ではなく，人によって異なる内容を指している可能性があるためである。また，問いの理解の仕方が暗黙的に答えを方向づけ，限定してしまう可能性がある。よって，本章で扱う「こころの危機に対して心理学は何ができるのか」という問いに対する答えを探る前に，この問いが

意味するところを考えてみたい。以下では，この問いの中で用いられている「こころ」「危機」「心理学」のそれぞれが指す内容について，順にみていくことにする。

1.「こころ」とは？

　まず，「こころ」とは何かについて考えてみよう。心理学を専門としていない人にとっても，「こころ」とは何かを答えることはそれほど難しく思われないかもしれない。おそらく即座に何らかの回答をすることができるのではないだろうか。それほど「こころ」とは身近な存在と言える。しかし，この「こころ」とは何かを明確に定めることは実はそれほど容易ではない。

　心理学の歴史においても，まさに研究対象である「こころ」は，常に同じ内容を指していたわけではなく，時代や研究者の依拠する立場により大きく異なっている（大山，2010）。たとえば，「心理学の父」と呼ばれるヴント（Wundt）にとって「こころ」とは，内観によって捉えることのできる直接経験，すなわち意識であったのに対して，客観性を重視する行動主義の立場において意識は研究対象から排除されるべきものであった。そして，その立場においては，刺激と反応の結びつきで捉えられるものが「こころ」であった。また，精神分析の創始者であるフロイト（Freud）にとっての「こころ」には，意識では捉えられない無意識が含まれていた。

　このように，「こころ」が指す内容には多様なものが含まれるとともに，今後新たな考えが出てくる可能性もある。したがって，特定の立場に依拠した限定的な捉え方をするよりも，可能な限り広い意味に捉えておく必要があるだろう。そのような方針から「こころ」を捉えるならば，「こころ」には，情緒・感情的な側面，記憶・思考のような認知的側面や，ふるまいのような行動的側面が含まれる。また，本人が自覚でき，意識的に捉えられる側面だけでなく，意識では捉えられない無意識的・非意識的な側面も存在している。さらに，「こころ」は個人の中に閉じておらず，組織・社会・システムの中で捉える必要がある。

2. 「危機」とは？

　次に，「危機」とは何かについて考えてみたい。それにあたっては，本書の第1章で引用されたジェームス（James, 2016）による危機の定義に立ち返ることが有用であろう。ジェームスによると，「危機とは，ある出来事や状況を，個人が持っている資源や対処方略を超えた耐えがたい困難として認識または体験することである。安らぎを得られない場合，危機は，自己や他者に向けて危害もしくは致死的な行動をもたらすような，情緒的・行動的・認知的な機能不全をもたらす」と定義される。

　この定義において着目すべき点の一つ目としては，「個人が持っている資源や対処方略を超えた」のように，個人の資源や対処方略が基準となっている点が挙げられる。これにより，特定の出来事や状況単体では，「危機」を捉えることができないということになる。すなわち，同じ出来事であっても，それに対処するための資源や方略が十分にある人にとっては「取るに足らないもの」と捉えられるのに対して，それらが十分ではない場合には「対処不能な耐えがたい出来事」となり得るのである。

　この定義における着目すべき点の二つ目としては，「情緒的・行動的・認知的な機能不全」とされている点が指摘できる。この点は，前項で触れた「こころ」が多面的な概念であることとも対応している。すなわち，「危機」が発現する側面は「こころ」がもつすべての側面であることが含意されていると考えられる。

3. 「心理学」とは？

　最後に，「心理学」が指す内容について考えてみたい。「こころの危機」に関心のある読者の多くにとって，「心理学」という言葉から連想されるのはおそらく「臨床心理学」ではないだろうか。実際，「こころの危機」，特に「こころの危機に直面した個人や社会をいかに支えるか」という問いを中心的な研究課題として，知見を積み重ねてきたのは臨床心理学領域においてである。これは，本書の大半の章で紹介されている知見が臨床心理学領域によるものであることからも明らかである。

しかし，「心理学」と称される学問領域は臨床心理学に限定されない。すでに繰り返し述べてきているように，研究対象である「こころ」が多面的であることから，情緒的・感情的側面を扱う感情心理学，認知的側面を扱う認知心理学，対人行動や社会の中での人間のふるまいを扱う社会心理学のように，扱う現象ごとに区分された領域も多岐にわたっている。

　研究対象となる現象が多様であることに加えて，研究が目指す先も多様であり，「こころの問題の解決」が唯一のゴールではない。ある現象が存在することの確認やその現象に関連する要因の特定，さらには現象の生起メカニズムの解明が目指されることもある。また，一般法則を見出すだけでなく，個人差に着目した検討がなされることもある。さらには，対象とする範囲も，個人には限定されない。対人関係，コミュニティ，社会も対象となりうる。それに加えて，一時点での状態・特徴を捉えるだけでなく，時間の経過に伴う変化，特に発達的変化を捉えることが目指されることもある。

Ⅱ　こころの危機に対して心理学は何ができるのか？

　前節でみてきたように，「こころの危機に対して心理学は何ができるのか」という問いを構成する「こころ」「危機」「心理学」の各要素が指す内容は，われわれが即座に想起するものよりも多様である。このことから，「何ができるのか」という問いに対する回答も，暗黙に想定されている方向性に限定されない可能性がある。おそらく，「こころの危機に対して心理学は何ができるのか」という問いに対しては，「こころの危機に陥った人に対する具体的な対処法を示す」という回答が暗黙のうちに期待されているように思われる。危機の渦中にある当人はもちろん，周囲の人間も苦境にある緊急事態においては，当然の期待であり，その期待に応えることが必要かつ重要な心理学の役割であることに異論はない。しかし，この「こころの危機に陥った人に対する具体的な対処法を示す」ことが心理学の唯一の役割ではない。以下では，前節での各要素の検討を踏まえて，「こころの危機に対して心理学は何ができるのか」という問いに対する回答を探ってみたい。

1.「こころの危機」を回避する・未然に防ぐための方策を示す

　まず，心理学が具体的な対処法を示すことができるのは，「危機に陥った」人に対してだけではない。すなわち，「こころの危機」のまさに渦中にある時やそれが起こった後にどうすべきかを示すだけではなく，それが起こらないようにするにはどうしたらよいか，あるいは起こってしまったとしても，被害を小さくとどめるためにすべきことについての知識を提供できる。その代表的なとりくみの一つが心理教育である。窪田ら(2016)は「心の減災教育」を提案し，小学生，中学・高校生，成人のそれぞれに実施可能なプログラムを開発している。上述のように，「危機」は「ある出来事や状況を，個人が持っている資源や対処方略を超えた耐えがたい困難として認識または体験すること」として定義されることから，個人が持つ資源や対処方略を豊かにすることによって，その発生可能性や影響の程度を低減することが可能である。

2.「こころの危機」という現象の理解を助ける

　また，心理学ができることは「具体的な対処法を示す」ことだけではない。「こころの危機」という現象の理解を助けること，すなわち「こころの危機」とは何が起こっていることなのか，あるいはなぜそれが生じたのかを明らかにすることも心理学の重要な役割と言える。上述のように，「危機」は個人の資源や対処方略を基準として定義されていた。したがって，ある個人が危機に陥っているかどうかを判断するためには，その個人がもつ資源や対処方略が明らかとなっている必要がある。加えて，同じく「危機」の定義に含まれる「情緒的・行動的・認知的な機能不全」という点についても，それぞれの機能が「不全」に陥っていると特定できるためには，それらの機能が適切に発揮されている状態についての理解が必要となる。これらの理解を助ける知見を心理学は提供できる。

　一見すると，現象を理解することは，直接的な解決にはつながらず，「役に立たない」ものと思われるかもしれない。しかし，「何が起こっているのか」また，「その現象がなぜ起こっているのか」といった点の適切な理解なしに，「こういう時にはこうするものだ」と具体的な手続きを機械的に適用するこ

とは誤りを引き起こす危険があり，場合によっては有害となる。また，具体的な手続きが示されていなくても，現象の成り立ちに関する知識が提供されれば，知識の受け手がそれを踏まえて自ら解決策を導くことが可能な場合もありうる。したがって，問題の解決を目指す場合においても，現象の理解は必要不可欠であり，それを助ける知見を提供することは，心理学が「できる」重要な役割の一つである。

3. 「こころの危機」を取り巻く状況の理解を促す

　さらに，心理学ができることは，こころの危機に陥った「個人」に関する知見を提供するだけではなく，その個人を取り巻く状況に関わる知見も含まれる。上述のように，心理学が対象とする範囲は個人には限定されない。人間が社会生活を営んでいる以上，個人は周囲の人間や所属するコミュニティ，社会全体からの影響を不断に受け続けている。その中には，個人を支えるポジティブな影響もあれば，個人を危機に追い込むようなネガティブなものもある。それらを理解するための視点や知識を提供することも心理学の重要な役割の一つである。心理学に対するよくある誤解の一つに「心理学は個人に問題を帰属させる」というものがある。この誤解は，おそらくは「こころ」の範囲を個人内に限定して捉えることに起因しているものと推察される。社会心理学やコミュニティ心理学の対象は，個人内に限定されず，個人と個人を取り巻く環境とのかかわりに視点が置かれる。この視点に立つことで，たとえ個人レベルで問題が生じた際にも，原因を個人に閉じ込めることなく，周囲の状況にも注意が向けられることとなる。このことによって，社会のあり方を見直す契機を提供することも心理学が「できる」ことの一つである。

おわりに

　本章では，「こころの危機に対して何ができるのか」という問い自体を検討することを通じて，心理学が果たしうる役割を検討してきた。そして，こころの危機に直面した個人に対する具体的な対処法を示すことは当然のこととして，それ以外にも心理学が「できること」が存在することを指摘した。

212　　第3部　社会の危機とこころ

前節で指摘した「できること」のうち，すでにに実現し，有効に機能しているものはあるものの，残念ながら，現時点ではその可能性が十分に実現されているとは言えない場合が多々あることも事実である。可能性が現実のものとなり，こころの危機に対して心理学が多様な側面において役割を果たすためには，それぞれの領域において知見を積み重ねていくだけでなく，それらの知見がもつ意義に自覚的であるとともに，自らその意義を適切な形で説明していく必要がある。そのためには，専門領域に閉じ籠ることなく，領域横断的な連携や心理学以外の近接領域との学際的協同，さらには研究者以外との積極的な交流が必要である。

文　　献

James RK & Gilliland BE（2016）Crisis Intervention Strategies. 8th edition. Boston: Cengage Learning.

窪田由紀・松本真理子・森田美弥子・名古屋大学こころの減災研究会編（2016）災害に備える心理教育―今日からはじめる心の減災．ミネルヴァ書房．

大山正（2010）心理学史―現代心理学の生い立ち．サイエンス社．

おわりに

　「こころ」は目に見えない。手にとることもできない。しかし，誰もが持っている。その人だけの「こころ」を持っている。心理学は，この不可思議な「こころ」というものを対象とした学問である。

　「こころ」は行動という目に見えるものとしてあらわれる。考える，感じる，などの精神活動も含めた行動という意味である。科学としての心理学は，「こころ」をブラックボックスと位置づけ，外にあらわれた何らかの行動を観察したり，測定したり，といったことを通して，「こころ」にアプローチしている。

　「こころ」は結局のところ，脳の働きに還元してもよいのかもしれない。最近は医学などとのコラボレーションによる心理学研究も進んでいる。しかし，たとえ脳が機能不全に陥っても，生きている限り「こころ」はある，にちがいない。

　では，「こころ」は「いのち」と言い換えてもよいのだろうか？　あるいは，人としての尊厳，存在していることの価値の実感，おそらくそうした解釈も間違いではないように思える。実態はないのに，あると感じられる大切な何か，私たちはそれを「こころ」とみなしているようである。

　心理学は，そんな「こころ」の機能や変化など特徴をとらえようとしてきた。なにしろ形がないものであるし，究極的には人それぞれということもあり，解明し尽くすことはできないが，かなりの知見も得られてきた。「こころ」をとらえることは人間を知ることでもある。「こころ」って面白い。

　現代は「こころ」の時代と呼ばれるようになって久しい。それは「こころ」を大事にしようという叫びでもある。「こころ」が置き去りになっていたり，蔑ろにされていたりする現象が目についてきたことが影響して，危機感をもたらしているからだと考えられる。

　本書においても，いじめ・ハラスメント，虐待，犯罪，災害，テロ，障害・

病気といった，現代社会が直面する深刻な問題がとりあげられている。これらは社会の危機であると同時に，個々人の中で生じる心理的危機でもある。心理学は，個人に対しても，家庭・学校などのコミュニティに対しても，そして社会全体に対しても，研究あるいは実践によるアプローチが可能な学問である。個別の支援実践の中で得られた知見を積み重ねて，発信し共有していくことによって他の個人の支援に役立たせることができれば，社会全体の安定や安心につながる，と同時に，ある地域ある時代の集団で生じた現象を丹念に分析して理解を深めていくことで，別の地域における予防啓発に役立たせることができれば，個々人の危機を未然に防ぐことができる。個性記述的（idiographic）アプローチと法則定立的（nomothetic）アプローチがうまく統合されていくことを目指したいところである。

　ただし，社会やコミュニティは個人の単なる集合体と位置付けるべきではないだろう。個人やコミュニティの危機が社会全体に与える影響は，イメージで表現するなら，足し算ではなく掛け算になると考えられる。つまり，集団の中では危機感が相乗効果をもってしまい，二次的被害も生じやすい。また，社会の危機が個人に及ぼす影響も複雑で，理解や判断の仕方には個人差があるため，混乱を招きやすい。したがって，個人の特性をとらえ，一方でコミュニティや社会全体の特徴を把握した上で，個と集団の関係性をより詳細に分析し記述していくことが，これからは求められるのではないだろうか。

　本書のテーマは「こころの危機」である。「こころ」というのは危機に陥りやすいものなのだろうか？　神谷美恵子のハンセン病療養施設で患者たちの中に見出した「生きがい」（神谷，1966『生きがいについて』みすず書房）や，フランクルのアウシュビッツ体験においても失われなかった「生きる意味」（Frankle VE，霜山徳治訳，1966『夜と霧』みすず書房）などから，「こころ」はかなりのストレス状況においても，そう簡単にはうちのめされないと考えてもよいだろうか。しかし，うちのめされずにもちこたえようとしているからこそ，つらい思いをする。そこを乗り越えれば結果的には大きな成長となり，人間的な強みとなるであろうが，だからといって，生死が左右されるほどの大きな危機に誰しも好んで近づくことは想定しにくい。予期せぬ

「こころの危機」に遭遇した際に，それを可能な範囲で冷静に受けとめ，何某かの糧を見出していくために，多少なりと役立つ情報を心理学から発信できたら幸いである。

　なお，本書の企画から完成まで支えてくださった金剛出版編集部の梅田光恵氏に，心からお礼を申し上げたい。また，「こころ」の問題にともに取り組んだクライエントや，職場・地域の仲間たちにも感謝の気持ちを伝えたい。皆様，どうもありがとうございました。

森田美弥子

索　引

▶番号

1F ……………… 155-158, 162, 168, 170-171

欧字

ASD …………………………… 69, 178, 187

ChNPP ……8, 155, 159, 160, 162, 163, 166, 167-170

IASC ……………………………………… 181

PFA ……………………………… 182, 187

PTSD …25, 26, 68-70, 74, 163, 178, 183, 187

TMI ……………………… 159, 161, 162, 166, 169

▶あ

アウトリーチ…………………………… 104

アカハラ…………… 139, 140, 145, 146, 149

意識…17, 22, 37, 39, 115, 132, 147, 149, 170, 184, 189, 208

いじめ………3, 7, 49, 56, 63, 81, 101, 103, 125-135, 139, 215

　　―のプロセスモデル………………… 128

　　―の四層構造…………………… 127-129

　　―防止対策基本法………………… 103

　　―防止対策推進法…………… 127, 128

逸脱性のトレーニング………………… 199

▶か

外傷後ストレス障害………………… 68, 178

外傷後成長……………… 5, 26, 27, 132

回復段階………………………………… 102, 109

学生支援の3階層モデル……………… 57

学生生活サイクル…………… 52, 54, 58, 59

家族応援会議………………………… 118-121

家族再統合…………… 115-119, 122, 123

学校コミュニティ… 7, 95-97, 99, 100, 110, 111

　　―の危機……………………………… 7, 96

危機後成長感………………………… 105, 106

危機対処効力感……………………… 105, 106

技術的災害……………………… 159, 162, 164

急性ストレス障害…………………… 69, 178

教師の不祥事……………… 96-99, 102, 107

強制理論………………………………… 199

緊急支援………………… 20, 21, 24, 64, 107

緊急事態ストレス反応………………… 98

屈辱感……………………………… 6, 86-89

クラスタ分析…………………………… 106

グリーフワーク………………… 72, 73

傾向スコアマッチング………………… 105

原子力災害………… 8, 155, 159, 162-164, 166, 169-171

行為スクリプト………………… 22, 23

構成的グループ・エンカウンター…… 103

行動主義………………………………… 208

こころのケア…… 63, 64, 89, 101, 109, 181, 182

こころの健康教育………………………… 103

心の減災教育……………………………… 211
個人的
　―アイデンティティ…………… 195, 196
　―危機……………………………… 96, 101
子ども虐待…………… 7, 113-119, 121-123
コミュニティ…… 5, 7, 9, 18, 19, 56, 95-100,
　104, 109, 114, 118, 119, 122, 176, 177, 181,
　183, 184, 186, 201, 202, 210, 212, 216
　―・アプローチ……………… 7, 119, 122
　―の危機………………………… 7, 96, 216
コンフルエンス………………………… 198

▶さ

罪悪感……………………………… 6, 83-89
サイコロジカル・ファーストエイド
　…………………………… 23-25, 104, 182
支援者…… 6, 7, 21, 23, 24, 43, 59-61, 75, 98,
　104, 109, 119-121, 176-182, 185-190
自我機能の障害………………………… 40
刺激と反応の結びつき………………… 208
自然な自明性の喪失…………………… 41
自尊心…………………………… 195, 196
自治体職員…………………………… 178, 179
実効線量…………………………… 156
児童相談所………… 113-117, 120, 121, 123
社会的
　―影響……………………………… 198
　―選択…………………………… 198, 199
　―伝染…………………………… 198, 199
　―ネットワーク分析…… 8, 193, 194, 198
シャドウ・エバキュエーション……… 161
集合的アイデンティティ…… 195-198, 202
準備段階………………………… 102, 109

情報
　―危機…………………………… 164, 165
　―の混乱………………………… 100, 165
贖罪…………………………………… 90
心的外傷後成長
　（Posttraumatic growth: PTG）…… 26
心的外傷の問題………………………… 68
信用危機…………………………… 164, 167
心理教育……… 60, 103, 104, 107, 148, 211
心理・社会的な支援………… 175-178, 189
心理的視野狭窄………………………… 22, 23
スクールカウンセラー……… 63, 101, 134
スケールフリー…………………… 200, 201
ストレス反応…… 26, 52, 53, 58, 60, 98, 99,
　101, 104, 158, 177, 178, 183, 184
スモールワールド……………………… 201
スリーパー・リンク…………………… 201
スリーマイル島原発…………………… 159
性教育…………………………………… 103
正常性バイアス………………………… 22
精神科医療…………………………… 34, 43
精神分析…………………………… 82, 208
精神保健福祉法………………………… 34
正戦論…………………………………… 204
セクハラ………… 139, 140, 145, 146, 149
セル………………… 106, 179, 199-202
ソーシャル・スキル・トレーニング… 103

▶た

ダーク・ネットワーク…… 8, 194, 197-203
対応段階…………………………… 102, 109
大規模自然災害後……………………… 101
チェルノブイリ原子力発電所………… 155
超自我…………………………… 82, 83

通信傍受……………………………… 204
テロリズム（テロ）………………… 193
統合失調症……………………… 33, 40-42
当事者グループ………………… 70, 72-76

▶な
内観…………………………………… 208
二次被害……………… 67-69, 73, 75, 104
ネットいじめ………………………… 128

▶は
恥…………………………… 6, 84-86, 88
ハブ…………………………… 200-202
ハラスメント…3, 7, 51, 55, 99, 139-150, 215
パワハラ……………………… 139-146, 149
犯罪被害者等基本法………………… 64, 71
反社会的行動………… 8, 98, 194, 197-199
ピアサポート……………………… 72, 73
東日本大震災……………… 23, 63, 175, 176,
　　179, 182, 183, 185, 187, 189, 190
被災者……………… 8, 23-25, 157-159,
　　162, 163, 168, 176-187, 189, 190
被ばく………………… 156-159, 163-169
福島第一原子力発電所………… 8, 155, 176

包括的学校危機対応モデル…………… 102
ホームグロウン・テロ……………… 202

▶ま
無意識………………………………… 208
妄想－分裂的態勢……………………　83
モデリング理論………………………　81
モラハラ……………………………… 139

▶や
薬物乱用防止教育…………………… 103
抑うつ的態勢…………………… 83, 89
予防・緩和段階……………………… 102

▶ら
ランダム・ショートカット………… 201
リーダーレス・ジハード………… 194, 202
リスク…… 25-27, 46, 48, 103, 121, 126, 131,
　　157, 162-164, 168, 169, 171, 193, 195
　　―コミュニケーション……… 8, 169, 171
　　―知覚………………………… 162, 163
臨床心理士… 74, 75, 98, 101, 105-108, 141,
レジリエンス……… 5, 26, 27, 70, 185, 201

■監修者略歴

窪田由紀（くぼた　ゆき）

九州産業大学人間科学部教授，博士（学術），臨床心理士，公認心理師。

日本心理臨床学会常任理事，日本ストレスマネジメント学会理事，日本学校メンタルヘルス学会評議員，日本臨床心理士会代議員，福岡県臨床心理士会理事など。

九州大学大学院教育学研究科教育心理学専攻博士後期課程単位取得後満期退学後，北九州市立デイケアセンター臨床心理士，九州国際大学助教授・教授，九州産業大学教授，名古屋大学教授を経て現職。専門は臨床コミュニティ心理学。

近著に『学校における自殺予防教育のすすめ方――だれにでもこころが苦しいときがあるから』遠見書房（2016）（編著），『災害に備える心理教育――今日からはじめる心の減災』ミネルヴァ書房（2016）（共編著），『学校コミュニティへの緊急支援の手引き　第2版』金剛出版（2017）（共編著），『心の専門家養成講座⑦　学校心理臨床実践』ナカニシヤ出版（2018）（共編著）などがある。

森田美弥子（もりた　みやこ）

中部大学人文学部教授，名古屋大学名誉教授，臨床心理士，公認心理師。

名古屋大学大学院教育学研究科修了後，刈谷病院心理職，名古屋大学大学院教育学研究科博士課程を満期退学後，名古屋大学学生相談室助手，名古屋大学医療技術短期大学部助教授，名古屋大学大学院教育発達科学研究科教授を経て現職。日本ロールシャッハ学会会長，日本心理臨床学会理事，愛知県臨床心理士会会長などを歴任。専門は臨床心理学。

近著に『ロールシャッハ法解説――名古屋大学式技法』金子書房（2018）（共編），『ロールシャッハ法の豊かな多様性を臨床に生かす――1症例をめぐってのさまざまなアプローチから』金子書房（2017）（共編著），『心の専門家養成講座①　臨床心理学実践の基礎その1――基本的姿勢からインテーク面接まで』ナカニシヤ出版（2014）（共編著），『実践ロールシャッハ法――思考・言語カテゴリーの臨床的適用』（2010）ナカニシヤ出版（共著）がある。

氏家達夫（うじいえ　たつお）

放送大学特任教授，名古屋大学名誉教授，日本発達心理学会代表理事。

北海道大学教育学研究科博士課程満期退学後，国立音楽大学講師，福島大学助教授・教授，名古屋大学大学院教授を経て現職。博士（教育学）。専門は発達心理学。

近著に，『親子関係の生涯発達心理学』風間書房（2011）（共著），『三世代の親子関係――マッチングデータによる実証研究』風間書房（2018）（共著），『個と関係性の発達心理学――社会的存在としての人間の発達』北大路書房（2018）（監修）がある。

■編著者略歴

河野荘子（こうの　しょうこ）
名古屋大学大学院教育発達科学研究科教授，臨床心理士，公認心理師。
名古屋大学大学院教育学研究科発達臨床学専攻を満期退学後，静岡大学専任講師・助教授，名古屋大学大学院准教授を経て現職。博士（教育学）。
日本犯罪心理学会地方区理事。専門は，非行・犯罪心理学，臨床心理学。
近著に，『コンパクト犯罪心理学──初歩から卒論・修論作成のヒントまで』北大路書房（2013），『犯罪からの離脱と「人生のやり直し」──元犯罪者のナラティブから学ぶ』明石書房（2013）（監訳），『心理臨床における多職種との連携と協働──つなぎ手としての心理士を目指して』岩崎学術出版社（2015）（共編著）などがある。

金子一史（かねこ　ひとし）
名古屋大学心の発達支援研究実践センター教授，臨床心理士，公認心理師。日本心理臨床学会代議員，日本児童青年精神医学会評議員。
名古屋大学大学院教育学研究科発達臨床学専攻修了。博士（教育学）。名古屋大学発達心理精神科学教育研究センター助手，同准教授，心の発達支援研究実践センター准教授を経て現職。専門は，臨床心理学および発達臨床学。
近著に『心理臨床における多職種との連携と協働──つなぎ手としての心理士を目指して』岩崎学術出版社（2015）（共編著），『臨床児童青年精神医学ハンドブック』西村出版（2016）（分担執筆），『小学生　学習が気になる子どもを支える』明石書店（2016）（分担執筆）などがある。

清河幸子（きよかわ　さちこ）
名古屋大学大学院教育発達科学研究科教授。日本認知科学会常任運営委員。
東京大学大学院教育学研究科総合教育科学専攻博士課程を満期退学後，東京大学研究拠点形成特任研究員・リサーチフェロー・産学官連携研究員，中部大学助教・講師，名古屋大学准教授を経て現職。博士（教育学）。専門は，協同問題解決，創造性，潜在学習。
近著に『教育心理学の実践ベース・アプローチ──実践しつつ研究を創出する』東京大学出版会（2019）（分担執筆），『未来洞察のための思考法──シナリオによる問題解決』勁草書房（2016）（分担執筆），『心のしくみを考える──認知心理学研究の深化と広がり』ナカニシヤ出版（2015）（分担執筆）などがある。

■執筆者一覧（執筆順）

窪田　由紀（くぼた　ゆき）　九州産業大学人間科学部

金子　一史（かねこ　ひとし）　名古屋大学心の発達支援研究実践センター

森田美弥子（もりた　みやこ）　中部大学人文学部，名古屋大学名誉教授

渡邉　素子（わたなべ　もとこ）中部大学健康増進センター学生相談室

坪井　裕子（つぼい　ひろこ）　名古屋市立大学大学院人間文化研究科

河野　荘子（こうの　しょうこ）名古屋大学大学院教育発達科学研究科

千賀　則史（せんが　のりふみ）名古屋大学ハラスメント相談センター

小倉　正義（おぐら　まさよし）鳴門教育大学大学院学校教育研究科

葛　　文綺（かつ　ぶんき）　　愛知学院大学心身科学部心理学科

氏家　達夫（うじいえ　たつお）放送大学，名古屋大学名誉教授

狐塚　貴博（こづか　たかひろ）名古屋大学大学院教育発達科学研究科

五十嵐　祐（いがらし　たすく）名古屋大学大学院教育発達科学研究科

清河　幸子（きよかわ　さちこ）名古屋大学大学院教育発達科学研究科

こころの危機への心理学的アプローチ

個人・コミュニティ・社会の観点から

2019 年 6 月 10 日　印刷
2019 年 6 月 20 日　発行

監修者　窪田由紀・森田美弥子・氏家達夫
編著者　河野荘子・金子一史・清河幸子
発行者　立石　正信
装　丁　シマ　マスミ
株式会社　金剛出版
〒 112-0005　東京都文京区水道 1-5-16
　　　　　　電話 03（3815）6661（代）
　　　　　　FAX03（3818）6848
印刷・製本　音羽印刷

ISBN978-4-7724-1702-0　C3011　　　　　　　　Printed in Japan ©2019

災害精神医学入門
災害に学び，明日に備える

[編]=高橋晶　高橋祥友

●A5判　●並製　●204頁　●定価 **3,000**円＋税
● ISBN978-7724-1424-1 C3011

大規模災害時に心の健康をいかに守るか？
被災者と支援者のメンタルヘルスを
災害精神医学という
これから発展する分野から解説。

リジリアンスを育てよう
危機にある若者たちとの対話を進める6つの戦略

[編]=マイケル・ウンガー
[訳]=松嶋秀明　奥野光　小森康永

●A5判　●並製　●208頁　●定価 **2,600**円＋税
● ISBN978-7724-1404-3 C3011

非行文化のエコロジーのなかで，非行少年が
逆境に打ち克つ力＝リジリアンスをはぐくむ
ストレングス志向の支援実践。

リジリエンス
喪失と悲嘆についての新たな視点

[著]=ジョージ・A・ボナーノ　　[監訳]=高橋祥友

●四六判　●上製　●304頁　●定価 **2,800**円＋税
● ISBN978-4-7724-1287-2 C3011

本書は死別の過程をきわめて新鮮に
科学的な根拠に基づいて描き出し
肯定的な感情，笑い，死後も続く絆について
多くの例を挙げて解説している。

犯罪被害を受けた子どものための
支援ガイド
子どもと関わるすべての大人のために

［著］＝ピート・ウォリス
［監訳］＝野坂祐子　大岡由佳

●A5判　●並製　●270頁　●定価 **3,600**円＋税
● ISBN978-4-7724-1469-2 C3011

犯罪被害にあった子どもに対して
適切な対応をとるための実践的なガイドブック。

非行少年の立ち直り支援
「自己疎外・家庭内疎外」と「社会的排除」からの回復

［著］＝廣井いずみ

●A5判　●上製　●200頁　●定価 **3,400**円＋税
● ISBN978-4-7724-1429-6 C3011

三十余年にわたって
家庭裁判所調査官として
少年事件に関わってきた著者による
非行少年の立ち直り支援への有益な提言。

新訂 統合失調症とのつきあい方
対人援助職の仕事術

［著］＝野坂達志

●四六判　●並製　●270頁　●定価 **2,800**円＋税
● ISBN978-4-7724-1360-2 C3011

心理援助のプロを目指す人に！
セラピストでありソーシャルワーカーである著者が
統合失調症者への面接テクニックのノウハウを公開した
実践的な臨床指導書，新訂増補版。

学校コミュニティへの緊急支援の手引き
第2版

[編]=福岡県臨床心理士会　[編著]=窪田由紀

●A5判 ●並製 ●320頁 ●定価**3,800**円+税
● ISBN978-4-7724-1594-1 C3011

学校の危機に支援者はどう対応すべきか。
日常の対応システムの構築と
渦中の対応の実践を紹介。

新版 大学生のこころのケア・ガイドブック
精神科と学生相談からの17章

[著]=福田真也

●A5判 ●並製 ●304頁 ●定価**3,000**円+税
● ISBN978-4-7724-1599-6 C3011

LGBT，留学生，障害学生支援から，
授業・サークル・アルバイト・就職活動など
定番テーマまでを論じた
「大学生メンタルヘルスケアガイド」。

いじめっ子・いじめられっ子の
保護者支援マニュアル
教師とカウンセラーが保護者と取り組むいじめ問題

[著]=ウォルター・ロバーツJr
[監訳]=伊藤亜矢子　[訳]=多々納誠子

●A5判 ●並製 ●224頁 ●定価**2,600**円+税
● ISBN978-4-7724-1421-0 C3011

保護者－教師－カウンセラーのチームワークと
問題解決スキルを育てる「いじめ解決マニュアル」決定版！